사교육 1번지!
대치동 돼지 엄마의 추억

사교육 1번지! 대치동 돼지 엄마의 추억

발행일	2017년 12월 20일		
지은이	김 재 국		
펴낸이	손 형 국		
펴낸곳	(주)북랩		
편집인	선일영	편집	이종무, 권혁신, 오경진, 최예은, 오세은
디자인	이현수, 김민하, 한수희, 김윤주	제작	박기성, 황동현, 구성우
마케팅	김회란, 박진관, 김한결		
출판등록	2004. 12. 1(제2012-000051호)		
주소	서울시 금천구 가산디지털 1로 168, 우림라이온스밸리 B동 B113, 114호		
홈페이지	www.book.co.kr		
전화번호	(02)2026-5777	팩스	(02)2026-5747

ISBN   979-11-5987-917-3 03370 (종이책)   979-11-5987-918-0 05370 (전자책)

이 책은 2017년 충북문화재단기금을 지원받아 발간되었습니다.

단 한 명 도 놓치지 않는 공감교육 수업의 비밀

사교육 1번지!
대치동 돼지 엄마의 추억

김재국 지음

북랩 book **Lab**

교육이란 결코 생활의 기술을 가르치는 것만을 의미하는 것이 아니다. 교육의 기초가 되는 것은 우주와 인생과 정치에 대한 철학이다. 어떠한 철학의 기초 위에, 어떠한 생활의 기술을 가르치는 것이 곧 국민교육이다. 그러므로 좋은 민주주의의 정치는 좋은 교육에서 시작될 것이다.

— 김구, 「나의 소원」 중에서

책머리에

한때 아이를 명문대에 보내려면 삼박자가 맞아야 한다는 말이 회자되었다. 할아버지의 경제력과 엄마의 정보력 그리고 아빠의 무관심이다. 실소를 금치 못할 이 말은 우리나라 사교육의 현주소를 말하고 있다. 여기에 등장하는 엄마의 정보력은 돼지 엄마로부터 비롯하는 경우가 많다.

'돼지 엄마'라는 용어는 국립국어원에서 운영하는 '우리말샘'에 등재할 만큼 우리 사회에 널리 알려졌다. 돼지 엄마는 '교육열이 매우 높고 사교육에 대한 정보에 정통하여 다른 엄마들을 이끄는 엄마를 이르는 말. 주로 학원가에서 어미 돼지가 새끼를 데리고 다니듯이 다른 엄마들을 몰고 다닌다고 하여 이렇게 부른다.'라고 정의하였다.

그렇다고 누구나 돼지 엄마가 될 수 있는 것은 아니다. 돼지 엄마의 반열에 오르기 위해서는 자녀의 성적이 학급이나 전교 1등을 유지하고 소위 말하는 SKY(서울대, 연세대, 고려대) 대학에 무난히 합격할 수 있어야 한다. 돼지 엄마는 우리나라 사교육 1번지라 할 수 있는 강남 대치동 학원가의 유명 강사의 프로필과 학원 정보를 꿰고 있다. 그러다 보니 학원 강사의 몸값이나 학원의 흥망성쇠를 좌우하는 역할을 한다. 무엇보다도 돼지 엄마의 권력은 팀을 구성하는 선발권을 지닌다는 것에서 나온다. 돼지 엄마가 조직한 팀 구성원은 그를 회장님처럼 받들고, 심기를 건드려 눈 밖에 나지 않도록 조심을 해야 한다.

이제 사교육의 창궐에 편승하여 권력을 행세하던 돼지 엄마와의 결별을 선언할 때가 되었다. 돼지 엄마가 우리 교육사에서 사라져 먼 훗날 아득한 추억으로 떠올릴 수 있었으면 하는 생각을 해본다. 그것은 학생, 학부모, 교사 등 교육공동체의 교육적 공감대가 형성될 때 가능한 일이다. 특히 대입수학능력시험(이하 수능)이 학교생활기록부종합전형(이하 학종)으로 바뀌는 상황은 좋은 징조로 여겨진다. 학종시대는 대입 전략이 팀수업보다는 개별화되는 경향이 있다. 돼지엄마는 수능시대에 고득점을 목표로 하였다면 학종시대는 학교생활기록부(이하 학생부)에 기록하는 소재와 내용을 발굴하는 데 힘을 모아야 한다. 이를테면 내신 성적관리는 물론이고 자기소개서나 독서 활동 및 동아리 활동이나 면접 등 진로와 개성에 맞는 맞춤형 입시 전략이 필요하다. 학생 개개인의 성향과 적성에 따라 진로를 선택하고 진로에 따라 쌓아야 할 스펙도 달라져야 한다.

2018학년도 주요대학 수시 선발비율은 서울대 78.5%, 고려대 84.2%, 서강대 80.1%, 경희대 70.1%이다. 이 중에서 학종 선발비율은 서울대 100%, 고려대 72.8%, 서강대 67.5%, 경희대 60.6% 등으로 발표되었다. 대통령 공약에 따라서 논술 전형 폐지와 수능 절대

평가가 시행되면 학종 선발비율이 더 높아질 것으로 예상된다. 이렇듯 논술과 수능의 영향력이 점차 감소되어 결국 학종의 위력이 더 강해질 것이고 학생부 또한 위세를 떨칠 수밖에 없다.

학종의 토대인 학생부는 초·중·고등학교 학생의 학교생활과 발달 상황을 기록하여 최소한 50년간 보존하는 문서이다. 여기에는 담임교사나 관련 교사가 학생이 학교에서 수행한 교과 활동과 비교과 활동 이력을 기록한다. 이 기록은 대학입시나 취업에서 개인의 학습능력이나 성품 및 자질과 잠재적 능력, 가치관 등을 판단하는 근거가 된다. 이처럼 학생부는 내신 성적뿐만 아니라 다양한 학교 활동과 참여한 프로그램으로 학생의 잠재적 가능성을 기록한다.

학생이 자신의 적성에 맞는 학과를 선택하였다면 학생부에도 관련 학과와 연관된 학업적 소양이나 인성 및 가치관이 기록될 수 있도록 관심을 가져야 한다. 특히 대학입학 원서를 작성할 때에는 학생부의 진로 희망사항과 창의적 체험 활동 등에 기록된 내용을 참고하여 전공학과를 정한다. 여기에 기록되어 있지 않은 학과를 지원할 경우 합격 가능성은 낮다. 학생의 지원 가능한 대학은 교과활동발달사항의 교과목별 석차 등급과 세부 능력 및 특기사항으로 정하는 것이 합격 가능성을 높인다. 학종시대를 맞이하여 성공적 대학입학을 위한 몇 가지 팁을 제시한다.

우선, 규격화된 학교생활에서 시간을 내어 독서 활동을 수행하기란 여간 어려운 일이 아니다. 그렇더라도 독서 활동은 입학사정관이 학생의 학업 수준과 관심도뿐만 아니라 자기주도적 학습 능력과 지적 호기심 및 전공 적합성을 평가할 수 있는 좋은 자료이다. 저학년 때부터 독서토론 동아리에 가입하여 정기적으로 다양한 분야의 독서 활동과 토론 및 감상문을 작성하는 것이 중요하다. 고학년 때는 학생의 진로와 관련한 독서 활동으로 지적 호기심과 관심 및 탐구력을 발휘할 수 있는 배경지식을 갖추어야 한다. 특히 학생의 전공과 관련된 독서 활동은 일관성과 지속성이 매우 중요하다.

다음으로, 학교 행사에도 적극적으로 참여하여 느낀 점을 체계적으로 기록하고 교내봉사 활동과 교외봉사 활동에 참여하는 것도 소홀히 해서는 안 된다. 교내 봉사 활동은 대부분의 학생이 공통적 실적을 갖게 되지만 교외 봉사 활동은 학생 개개인에 따라 다르게 선택된다. 교외 봉사 활동은 되도록 자신이 전공하고자 하는 학과와 관련된 활동이 바람직하겠지만 그렇지 못할 경우 비슷한 활동을 하는 것도 좋다. 자신과 유사한 진로를 선택한 학생과 팀을 이루거나 가족이 함께 참여하는 봉사 활동 계획을 세우는 것도 의미가 있다. 봉사 활동 후에는 반드시 활동을 통해 느낀 점과 연계하여 자신이 인간적으로도 성숙하였다는 점을 함께 부각해 정리하는 것이 바람직하다.

그리고, 동아리 활동은 학교 입학과 동시에 비교적 쉽게 접근할 수 있다. 이를 통해 사회성을 기를 수 있으며 인간성 회복뿐만 아니라 학습효과를 높이게 된다. 인기가 있는 영자신문, 과학탐구, 시사토론, 독서토론 동아리 활동 등의 활동을 할 수 있으나 학생부의 부족한 부분을 채울 수 있는 활동도 좋다. 가능하면 자신이 선택한 전공과 관련된 동아리 활동으로 전공 적합성이나 인성 및 교우 관계가 드러날 수 있도록 한다. 특히 동아리에서 자신의 역할과 비중 있게 참여한 활동의 기록을 빈틈없이 해야 할 것이다.

이어서, 자기소개서 작성을 위한 소재와 내용을 지속적으로 메모하고 꾸준하게 관리하는 것이 필요하다. 자기소개서는 자신의 강점을 최대한 부각해 주목받을 수 있는 내용으로 작성한다. 이를 통해 학생부와 교사 추천서에서 배제된 부분을 찾아 보완하고 자신이 주인공이 되어 이야기를 전개해 나간다. 자기소개서는 '인성, 가치관, 학업 역량, 전공 적합성, 자기주도 학습력, 다양한 경험, 잠재력, 동아리 활동에서의 역할, 봉사 활동의 일관성' 등을 중심으로 평가한다는 것을 알아야 한다. 무엇보다도 다양한 활동에서 느낌이나 깨달음을 통하여 자신이 얼마나 내적으로 성숙하였는지를 밝힌다. 학생부는 결과만 기록된 경우가 많으므로 자기소개서에 과정을 기록하는 것도 좋은 방법이다.

끝으로, 면접은 대학입학의 마지막 관문으로 당락을 결정짓는 중요한 요소로 작용한다. 면접은 내신 성적이나 수능점수로 발견할 수 없는 학생의 행동 특성과 잠재력을 측정하고 대학에서 수학할 수 있는 능력을 최종적으로 확인하는 데 목적이 있다. 학생부는 면접관이 1차적으로 참고하는 자료이며 자기소개서와 비교하며 질문할 요소를 만들어 낸다. 최근 대다수의 대학은 심층면접으로 학생을 선발하고 있다. 심층면접은 면접관과 학생이 얼굴을 맞대고 질의·응답하는 과정에서 학생의 지적 수준과 학습능력 및 인성을 종합적으로 평가한다. 심층면접에 대비하기 위해서는 학생부와 자기소개서를 통하여 학생 스스로 질문지를 만들어 연습하는 것이 효율적이다. 아울러 교사나 지원한 학과에 재학 중인 선배나 멘토에게 조언을 듣는 것도 좋은 방법이라 하겠다.

이렇듯 학종은 학생부에 기록된 내용으로 대학입학의 당락을 결정짓는다. 학종에 대비하기 위해서는 내신 성적 관리가 기본적으로 이루어져야 하고 독서 습관을 들이는 것도 바람직하다. 학교생활과 봉사 활동에 적극적으로 참여하고 동아리 활동 또한 게을리 해서는 안 된다. 결국 학종은 학생부를 토대로 내신 성적과 자기소개서와 면접 이 삼위일체가 만들어내는 종합 작품이라 할 수 있다.

대치동 돼지 엄마의 퇴출은 대학입학시험이 수능시대에서 학종 시대로 바뀌었다는 것을 말하고 싶다. 돼지 엄마는 수능 성적이 만들어낸 비정상적 사교육을 상징한다면 학종은 '학생부로 대학 간다.'라는 선언으로 공교육이 정상적 궤도로 진입하고 있다는 것을 의미한다. 이른바 학종시대를 맞이하여 교육공동체는 학생부에 모든 초점이 맞추어져 있다. 벌써 '생기부스터'라는 신조어가 생겨났다. 이 말은 "학교생활기록부와 부스터(추진 로켓)의 합성어로, 입시에 유리한 활동이라면 로켓처럼 달려들어 신청한다."라는 뜻이다. 돼지 엄마가 사라지고 있는 자리에 어떤 존재가 자리매김할지 궁금해진다.

하지만 교육공동체가 교육적 공감대를 형성하여 공감교육을 실현한다면 공교육이 정상화될 뿐만 아니라 그러한 궁금증 또한 사라질 것이다.

이 책을 읽어야 할 사람은 학생, 학부모, 교사 즉, 교육공동체 모두가 해당한다. 책을 통하여 우리교육의 전반적 문제점과 대안을 살펴보고 각자의 관점과 견주어 공감대를 형성할 수 있다. 특히 정권이 바뀔 때마다 수시로 변하는 입시정책으로 혼란스런 학부모에게 교육적 이정표를 제시해준다. 또 학교 현장의 교사나 임용고시를 준비하고 있는 예비교사에게 권장할 만하다.

이들에게는 책에서 제시하는 교육학적 이론과 학교 현장의 실천적 지식의 연결고리를 통하여 자신의 교육적 가치관을 정립하는 데 도움이 될 것이다.

2017년 초겨울
김재국

차례

2장

선인들의 독서법

3장

높은 문화의 힘

4장

가상공간의 힘

5장

경쟁에서 협력으로

8 장

마을교육공동체를 꿈꾸며

9 장

교육이 희망이다

10장

영웅이 그리운 시대

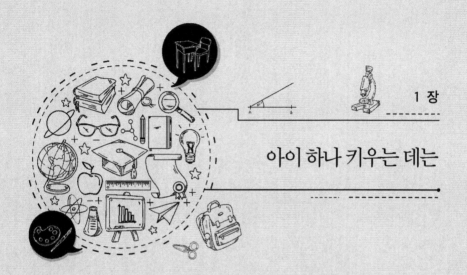

1 장

아이 하나 키우는 데는

사랑의 혁명

사랑은 혁명일 수 있는가? 혁명일 수 있다. 혁명이 사물의 상태나 사회 활동 따위에 급격한 변혁을 일으키는 것이라면 사랑은 혁명을 능가한다. 사랑이란 어떤 사람이나 존재를 몹시 아끼고 소중히 여기는 마음이다.

사랑은 늘 우리 주변에서 우리와 함께하지만 쉽게 얻을 수는 없다. 그것은 마치 신기루처럼 존재한다. 잡은 듯하면 이미 멀리 달아나 있고, 멀리 떠나 있는가 하면 순식간에 다가와 있다. 대중가요에선 '사랑은 눈물의 씨앗'이라고 했다. 사랑은 결코 쉽게 이룰 수 없다는 것을 은유적으로 표현한 말일 것이다. 무슨 일이든지 뼈를 깎는 각고의 노력 끝에 이루어질 때 의미가 있는 법이다. 사랑도 그러하다.

사랑을 하면 예뻐진다는 말은 과학적으로 증명된 사실이다. 우리가 사랑에 빠지면 도파민이라는 호르몬의 작용으로 얼굴색이 좋아지고 예뻐지게 된다. 동식물에 존재하는 아미노산의 일종인 도파민이 뇌세포를 흥분 시키면서 발생하는 현상으로 볼 수 있다. 남녀가 사랑에 빠지면 눈에 콩깍지가 쓰인다고 한다. 이러한 현상을 핑크렌즈 효과라 하며 사랑하는 남녀 사이에는 상대방의 약점은 보이지 않고 장점만 보인다는 것이다.

사랑은 정녕 베푸는 것이지 바라는 것이 아니다. 나를 내려놓고 상대를 살리는 일이기 때문이다. 그런 의미에서 사랑은 자신을 묻고 타자를 살리는 무덤이기도 하다. 판도라 상자의 맨 밑바닥에 드리운 희망처럼 노력하며 은근히 맞기 때문이다. 그래서 사랑은 아직 도착하지 않은 마지막 기차 같은 그리움이다. 그러한 사랑은 우리가 살아가는 삶의 동력이며 에너지다. 공기처럼 가볍고 흔한 단어지만 움직여 발현하기란 쉽지 않다. 항상 우리 주변에서 서성이며 여러 모양으로 다가와 혁명을 일으키는 사랑, 그 사랑은 성애나 우애, 조국애, 가족애 등의 다양한 형태로 나타나기도 한다.

자식에 대한 어머니의 마음은 모든 사랑의 본바탕이다. 육친의 사랑은 무조건적인 사랑이기 때문이다. 이 외 여타의 사랑은 때로 지친 몸으로 고독을 동반하며 다가온다. 고루하고 경직된 사고는 상대를 부담스럽게 할 뿐 사랑의 감정과 어울리지 않는다. 조금은 허황되고 황당하더라도 사랑의 감정은 관용을 베풀 여유를 내포한다.

성적 매력은 이성 간의 사랑에서 중요한 위치에 있다. 성(性)은 아름답고 신성한 것이다. 자연스러운 성적 접촉은 정신적 유대를 강화한다. 그것은 육체에서 정신으로 나아가는 것이 아니라 정신에서 육체로 발전할 때 건강하다.

현대의 요정으로 평가받는 세계적 여배우 오드리 헵번은 자신처

럼 예쁜 눈과 앵두 같은 입술을 원한다면 예쁜 것만 보고 사랑스
러운 말만 하라고 유언했다. 김종술은 서로 다른 남녀의 애정 형태
를 존중하고 이해하며 조화시킬 수 있을 때 진정한 사랑이 가능하
다고 보아 사랑의 조화를 중시 여긴다. 시인 기형도는 "나의 생(生)
은 미친 듯이 사랑을 찾아 헤매었으나 단 한 번도 스스로를 사랑
하지 않았노라."라고 노래했다.

　사랑을 주고받고자 하는 것은 우리 인간의 본능적 욕구이다. 하
지만 사랑은 받는 것보다 주는 데 더 큰 의미가 있다. 진정한 사
랑은 상대방이 무엇을 원하는지를 간파할 수 있어야 한다. 우리는
사랑의 표현에 익숙하지 못하다. 사랑은 서로 표현하고 확인함을
필요로 한다. 또 한 해가 저물어 간다. 사랑의 확인이 절실한 계절
이다.

아이 하나를 키우는 데는

지난 2012년 서울특별시가 학생인권조례(이하 인권조례)를 공표하였다. 이러한 사실은 찬반 여부를 떠나 사회적으로 커다란 파문을 일으켰다. 공표한 인권조례로 앞으로 학교 현장에서 어떠한 일들이 발생할 것인지 예측하기란 쉽지 않다.

인권조례는 '차별받지 않을 권리, 폭력으로부터 자유로울 권리, 정규교과 이외의 교육 활동의 자유, 두발, 복장 자유화 등 개성을 실현할 권리, 소지품 검사 금지, 휴대폰 사용 자유 등 사생활의 자유 보장, 양심·종교의 자유 보장, 집회의 자유 및 학생 표현의 자유 보장, 소수자 학생의 권리 보장, 학생인권옹호관, 학생인권교육센터 설치 및 학생인권침해 구제' 등으로 이루어져 있다.

인권조례에 대한 찬성측은 이제까지 교사들은 효율적 통제라는 명목으로 죄의식 없이 체벌과 두발 및 복장 규제를 해왔다고 주장한다. 때문에 억압과 규제에 익숙해져 버린 학생들은 그들 스스로 인권이라는 의미에 대해 생각해 볼 겨를이 없었다는 것이다. 따라서 학생들은 인권조례를 통하여 자유와 책임을 교육현장에서 익힘으로써 민주시민으로 성장할 수 있다고 본다.

반면에 반대측은 아직 성숙하지 못한 학생들은 자신의 감정을 제대로 추스르기가 어려울 것이란 입장이다. 그래서 학생들은 자신을 다스리는 법과 타인과의 관계를 형성해가는 법도 배워야 한다는 것이다. 따라서 인권조례는 학생 사이의 인권침해로부터 학생을 보호하기 어렵고, 학생에 의한 교사의 인권 침해를 방지하기도 쉽지 않을 것으로 예상하였다.

학교란 전문직인 교사가 일정한 목적을 갖고 학생들을 대상으로 교육을 실시하는 기관으로 정의된다. 공자는 『대학』에서 군자의 학문의 목적을 "명덕(明德)을 밝히는 데 있으며, 민(民)을 새롭게 하는 것에 있으며, 지선(至善)에 머무는 것에 있다"라고 하여 덕성(德性)을 중시하였다. 학교에 대해서는 예의를 중시하여 학생의 권리 주장을 학교 본래의 목적으로 인식하지는 않은 듯하다.

근대에도 학교는 인류의 문화적 가치 즉, 언어·과학·기술·예술 등을 매개로 한 학생의 학습을 통하여 그 능력의 성장·발달을 지향한다. 학교의 기능으로는 국민 형성·직업적 훈련·교양의 육성 등을 제시하였다. 특히 국민 형성의 기능을 국민교화 기능과 구별하여 학교가 국가권력의 정치적 수단으로 악용되는 것을 경계하고 있다. 이러한 태도는 교육의 실용적 기능보다 인간의 내면적인 풍요함을 배양하는 교양의 기능을 더욱 중요하게 여긴 것이다.

영국의 마이클 고브 교육부장관은 교사가 학생에게 매를 들 수 있어야 한다고는 생각하지 않는다고 말했다. 하지만 교사가 학생의 신체적인 활동에 제약을 가할 수 있고 문제를 야기하는 두 학생 사이에 끼어들어 중재하고, 그들을 학급으로부터 떼어놓을 수 있어야 한다고 주장하였다. 그는 최근 영국에 폭력 학생 수가 증가하고 교권 실추 상황이 심각해지자 10여 년간 진행해온 '교사·학생 신체 접촉금지 정책'을 폐지한 것이다.

우리나라 헌법과 법률에서도 학생 인권에 대한 명시적 표현은 존재한다. 1990년에는 '청소년의 권리·의무, 가정의 기능, 학교의 사명, 청소년 건전육성을 위한 국가와 사회의 역할 및 책임'이 담긴 청소년 헌장을 선포한 바 있다. 그렇다면 또 다른 어떤 명시적 선언이나 표현보다는 교육 공동체의 사회적 합의와 실천이 더욱 필요하다.

학생은 교사의 순수한 사랑과 열정을 먹고 완성되어 가는 미완의 존재이다. 이들이 사회 구성원으로 올곧게 성장하도록 자신의 권리뿐만 아니라 의무도 있다는 사실을 깨닫게 해야 한다. 지금은 우리 모두 "아이 하나를 키우는 데는 온 마을이 필요하다."라는 아프리카 격언의 의미를 되새겨 볼 때이다.

우리 모두의 아이로 존재하기

학교가 존재하지 않던 시대, 교육은 마을이나 가정의 몫이었다. 산업화시대가 진행되면서 마을이나 가정은 갈수록 분주한 모습을 보이다 마침내 아이들의 교육에 관심을 가질 수 없는 지경에 이르고 만다. 학교의 태생은 생래적으로 이러한 상황과 밀접한 연관성을 지닌다. 점차 사회는 다원화되어 전통적 가족구조는 핵가족으로 변하고 개인주의적 가치관이 팽배해지며 경제적으로는 양극화로 치닫게 된다.

아동학대 또한 이러한 시대적 분위기와 무관하지 않다. 매스컴에 오르내리는 차마 입에 담지 못할 기이한 학대를 당한 아동들은 후유증 때문에 성장하면서도 공격적 성향을 지닌다. 이러한 아동들이 성장하여 성인이 되면 또 아동학대를 하게 되는 악순환이 반복된다.

아동복지법에 의하면 아동학대란 보호자를 포함한 성인이 아동의 건강 또는 복지를 해치거나 정상적 발달을 저해할 수 있는 신체적, 정신적, 성적 폭력 등 가혹행위를 하거나 유기, 방임하는 것을 의미한다.

얼마 전 한 일간지에 우리나라 공동체 지수가 OECD 국가 중 꼴찌라는 기사가 실린 적이 있다. 기사에 의하면 우리나라는 전통적으로 정(情)과 우리를 강조하는 사회지만 '어려움에 처했을 때 이웃이나 친구 등 사회적 네트워크의 도움을 받을 수 있다.'라고 응답한 비율이 꼴찌라는 것이다.

공동체 파괴 이유로 보편화된 아파트 문화를 꼽을 수 있다. 이러한 문화가 앞집과 윗집, 아랫집과 단절뿐만 아니라 이웃 마을 간의 왕래까지 차단한다. 같은 아파트에 사는 사람들끼리도 왕래가 되지 않는데 이웃 마을과 소통이란 그야말로 언감생심(焉敢生心)이다.

공동체란 사전적으로 사람들이 모여서 유기체를 이루고 삶을 공유하면서 공존하는 조직이라는 의미를 지닌다. 그것은 단순한 결속보다는 질적으로 더 강하고 깊은 관계를 형성한다. 때문에 정서적 유대나 공동의 이해관계를 바탕으로 갈등조정에 중요한 역할을 수행한다는 것이다.

이러한 공동체가 파괴된 지점에서 아동학대가 발생하는 경우가 많다. 훼손된 공동체를 회복하는 일은 하루아침에 가능한 일이 아닐 뿐만 아니라 갈등 해결에 소모되는 사회적 비용도 엄청나다. 그래서 아동학대를 방지하기 위해서는 무엇보다도 교육공동체의 관심과 애정이 요청되는 것이다. 교육공동체 모두가 아동학대 신고의무자라는 사실을 직시하고 아동학대 발견 즉시 아동보호전문기관이나 수사기관에 신고하는 자세가 필요하다.

아동학대는 누구 한 사람, 어느 한 단체의 노력으로 해결될 사안이 아니다. 아동학대 방지를 위한 학교와 지역사회의 인적·물적 네트워크를 구축하여 소통과 협업체계를 강화해야 한다. 이를 위한 학교와 지역사회의 마을을 연결하는 마을교육공동체 조성이 절실하다.

마을교육공동체를 설립하여 그동안 전면 학교에 맡겨 두었던 배움과 돌봄의 권한을 마을로 되가져오는 방안을 모색해보자. 마을교육공동체가 구축될 수만 있다면 아동학대 사건은 더이상 되풀이될 수 없다. 아동은 이미 네 아이 내 아이가 아니라 우리 모두의 아이로 존재하기 때문이다.

우리 아이 스마트폰

우리 아이들의 삶에서 스마트폰만큼 소중한 것도 없다. 혼자 있는 시간은 물론 등하교 시간을 비롯하여 식사시간에도 스마트폰에 코를 박고 산다. 그것은 부모형제나 친구보다 중요하며 축구나 농구보다 더 선호하는 놀이 도구가 되었다.

작년 한 소비생활센터에서 「초·중학생 소비의식 및 소비실태」를 실시한 설문조사 결과를 발표한 적이 있다. 조사에 의하면 휴대폰 사용 학생의 95.5%가 스마트폰을 소지하였으며 구입 이유로는 다양한 어플리케이션 활용이 가장 많았다. 어플리케이션 활용은 SNS 34.2%, 게임 30.5%, 음악 25.1% 순이며 학업에 사용하는 경우는 1.9%에 불과했다. 일전에 텔레비전 프로그램에서 어린이집 5세 이하 원아를 대상으로 인형, 장난감, 스마트폰 중에서 한 가지를 선택하게 하는 실험을 하였다. 그 결과 63%의 어린이들이 인형이나 장난감 대신 스마트폰을 선택하였다. 이미 스마트폰은 5세 이하 어린이들에게까지 가장 선호하는 장난감으로 자리를 잡았다.

스마트폰의 아담한 사이즈와 시공간의 자유로움 및 현란한 화면, 실시간적 반응 등이 이들의 오감을 자극하는 것이다.

권장희 놀이미디어교육센터 소장은 '스마트폰으로부터 아이를 구하라'는 영상을 통하여 스마트폰에 노출된 아이들을 염려한 바 있다. 그에 의하면 스마트폰은 후두엽을 자극하여 전두엽의 역할인 깊이 생각하는 능력을 차단한다는 것이다. 이러한 아이들은 깊이 생각하지 않을 뿐만 아니라 토론과 정리 및 글을 쓰는 과정을 싫어하여 '나는 생각한다, 고로 존재한다.'라는 데카르트의 선언을 무색하게 한다. 따라서 수용-정리-표현으로 연결하는 학습 과정을 제대로 수행할 수 없다.

스마트폰, TV, 인터넷, 게임 등에 눈을 빼앗긴 아이들은 단지 눈만 아니라 영혼까지 빼앗기는지도 모른다고 말한다. 아이들의 시들어가는 영혼에 생기를 불어넣고 삶을 디자인하도록 키우려면 스마트폰에 빼앗긴 눈길을 찾아와야 한다고 강조하였다.

21세기 디지털 혁명을 일으키는데 선두 주자 역할을 했던 스티브 잡스나 빌 게이츠 같은 인물이 자녀들의 인터넷 이용 시간을 제한했다는 사실이 시사하는 바는 매우 크다.

스티브 잡스는 자녀들이 집에서 컴퓨터를 사용하는 시간을 엄격히 제한하고 아이패드가 출시되었을 때에도 전혀 사용하지 못하게 했다. 빌 게이츠 또한 열 살이 된 딸이 하루에 2~3시간씩 게임을 하자 컴퓨터 이용시간을 제한하고 '자녀 PC 사용 관리법'까지 만들었다. 그것은 "컴퓨터 게임은 하루 45분으로 제한한다. 주말은 1시간, 즐겨 찾는 인터넷 사이트를 제한한다. 부모가 없을 때 컴퓨터를 얼마나 사용했는지 확인한다. 아이가 인터넷에서 본 내용에 대해 함께 대화한다. 자녀가 어떤 소프트웨어를 사용했는지를 확인한다. 몇 살까지 컴퓨터를 통제해야 하는지는 가족이 협약하여 결정한다." 등으로 명시하였다.

미국의 유명 사립학교인 발도르프의 학부모 대부분은 구글이나 애플 등 IT 업계에서 일하고 있다. 그런데도 불구하고 아이들의 창의적 사고, 인간적 교류, 집중력 등을 훼손한다는 이유로 컴퓨터를 구비하지 않고 휴대폰을 비롯한 디지털 기기를 지참하지 못하게 한다. 직접 독서를 하거나 기록하지 않고 인터넷 검색에만 의존하다 보면 이해력과 학습능력이 떨어지기 때문이다.

우리가 사랑하는 많은 아이들이 스마트폰에 중독되었거나 중독되고 있다고 해도 과언이 아니다. 지금 이 순간에도 아이들의 지능발달뿐만 아니라 사고력과 추리력 및 표현력 등을 저하시키고 있는 스마트폰 중독에 대하여 심각하게 고민해야 할 때이다.

자녀, 중등학교 보내기

교육청에서는 해가 바뀔 때마다 초등학교 6학년 대상 중학교 일반 배정 결과를 발표한다. 그것은 학교별 지원 현황과 근거리 지망 여부를 분석하고 학급수와 학급당 인원수를 조절하여 시행된다. 하지만 이러한 외형적인 부분보다 더 중요한 것은 중학교 신입생 자녀를 둔 학부모의 역량 강화에 있다. 중학생 신입생의 경우 학부모의 많은 손길이 필요하다는 것은 다 아는 사실이다.

먼저, 중학교 교육과정에 대한 이해가 필요하다. 중학교 교육은 초등학교 교육성과를 바탕으로 학생의 학습과 일상생활에 필요한 기본 능력과 바른 인성, 민주 시민의 자질 함양에 중점을 둔다. 특히 자유학기제에 따른 중학교 교육과정 중 한 학기 동안 학생들의 중간·기말고사 등 시험부담에서 벗어나 꿈과 끼를 찾을 수 있는 수업이 운영된다. 이에 학부모는 자녀의 적성과 소질에 맞는 진로 탐색과 인성 및 미래역량 교육 등을 강화할 수 있도록 관심을 가져야 한다.

다음으로, 초등학교와 다른 교과학습 평가에 대한 정확한 탐색이 필요하다. 중학교 교과학습 평가는 지필평가와 수행평가로 구분하여 실시하며, 평가과목이나 방법 등은 학기 초 각 학교 홈페이지 및 가정통신문을 통하여 공개한다. 또 성취평가제로 비교집단 내의 상대적인 서열 비교보다는 성취기준에 도달한 정도를 판단한다. 이를 통해 학업 스트레스를 완화하고 서로 존중하고 협력하는 학교문화 정착 및 창의·인성교육을 실현하는 것에 목적을 둔다.

또, 자녀들이 자기주도적 학습을 할 수 있는 학습 분위기를 조성해야 한다. 사교육에 치중하기보다는 자녀의 학습을 위해 필요한 것이 무엇인지 진단하고 목표를 설정하여 스스로 공부할 수 있는 분위기를 조성할 필요가 있다. 공부하는 이유와 공부를 통해 얻고자 하는 것은 무엇인지 진지하게 고민하고 공부에 대한 내적 동기를 강화하는 것이 중요하다. 아울러 '분명한 목표 정하기, 나만의 공부 방법 익히기, 수면 관리하기, 혼자 공부하는 시간 늘려 나가기' 등을 통해 효과적인 공부 방법을 습관화할 수 있도록 관심을 갖는다.

끝으로, 학부모의 막연한 기대심리와 불안 심리를 악용하는 선행학습 마케팅 전략에 넘어가서는 안 된다. 이로 말미암아 보충학습이 필요한 하위권 학생들까지 선행학습에 휘말려 자기주도적 학습의 싹을 말리는 오류를 범해서는 곤란하다. 과도한 선행학습 때문에 학생들의 창의력과 상상력이 말살되고 속도경쟁과 진도경쟁이라는 블랙홀에 빠져 헤어 나오지 못하는 경우가 많다. 선행학습보다는 자기주도적 적기학습을 통하여 학생들의 나이와 학교 진도에 맞는 학습을 하는 것이 바람직하다.

지식정보화시대에 좋은 부모, 훌륭한 부모가 되기란 여간 어려운 일이 아니다. '자녀는 신이 부모에게 준 큰 선물'이라는 말이 있듯이 자녀를 양육하면서 어려움보다는 기쁨과 행복이 더 많기를 원하는 것이 부모의 솔직한 심정이다. 현명한 부모라면 자녀에 대한 지나친 욕심과 간섭보다는 자녀를 이해하고 소통·공감하는 태도와 정확한 정보와 지식에 기초하여 판단하는 자세를 지녀야 한다.

자녀 이기주의

　한 학생이 발에 깁스를 하고 목발을 짚고 등교하고 있다. 담임교사가 다친 연유를 물으니 매점에서 누군가에 밟혀서 뼈에 금이 갔다고 한다. 빵을 사먹고 있는데 한 입 달라는 말을 들어 주지 않았더니 발등을 밟았다는 것이다. 보복이 두려운지 상대를 끝까지 밝히지 않는다. 수소문 끝에 세 명의 학생을 찾아내어 밝히고자 했으나 빵을 달란 적은 있지만 발등은 밟은 적은 없다고 잡아뗀다. 사건 발생 후 많은 시간이 지난 후에야 세 명의 학생 중 한 명이 그랬다는 사실이 밝혀졌다.

　최근 학교 현장에는 이와 유사한 일들이 수시로 일어난다. 자신이 원하는 바를 달성하기 위하여 수단과 방법을 가리지 않는 학생들의 수가 확연히 늘어났다. 말이 통하지 않으면 즉각적으로 주먹이 반응한다. 자신의 행동에 대해서 반성을 하거나 죄의식을 느끼는 학생도 드물다. 오히려 피해를 당한 학생이 가해학생을 피해 다니거나 심지어 전학을 가는 경우도 있다.

이러한 행동은 학부모의 자녀 이기주의에 기인하는 바가 크다. 자녀 이기주의는 내 자식을 위하여 수단과 방법을 가리지 않는 사고방식이다. 이러한 사고방식은 이성적 판단을 흐리게 하여 함께 더불어 사는 사회를 만들자는 교육목표를 공허한 메아리로 치부한다. 남의 자식이야 어떻게 되든 내 자식만은 잘되어야 한다는 생각만 팽배하다. 그렇다보니 정부에서 아무리 좋은 교육 개혁안을 내놓아도 실패할 확률이 높을 수밖에 없다.

우리나라는 공교육비보다 사교육비를 더 많이 지출하는 국가로 세계에서 몇 번째 손가락에 꼽힌다. 공교육에 투자해서 많은 학생이 이익을 보기보다는 내 자식만 잘 가르쳐 좋은 대학에 보내면 그만이라는 생각을 가진 학부모가 많다. 한 설문에 의하면 어떤 수단을 쓰던 자기 자식만 좋은 대학에 들어가면 된다는 식으로 답변한 학부모가 85% 이상을 차지하였다고 한다.

고등학생이 있는 가정의 경우 온 가족의 관심이 그에게 집중된다. 오히려 학생의 성적에 집중되어 있다는 것이 더 정확한 표현이다. 이러한 상황에서 성적이 제대로 나오지 않는 학생은 많은 스트레스를 경험한다. 미국 텔레비전의 '믿거나 말거나' 프로그램에서는 새벽별을 보고 집을 나가서 늦은 밤 달을 보고 들어오는 우리나라 고등학생의 일과를 방영하였다. 외국인의 눈에는 우리나라 고등학생의 하루 일과가 믿거나 말거나한 일처럼 신기하게 비추어진다. 하지만 그것이 우리에게는 엄연한 현실이다.

자녀 이기주의는 다른 사람이나 사회의 이익은 고려하지 않고 자기 자녀만의 이익만을 중요하게 여기는 풍조를 의미한다. 이는 개인주의와도 무관하지 않으며 자신의 목적 달성을 위해 타인을 수단으로 이용하는 경우도 없지 않다. 자녀 이기주의가 심화되면 학교 구성원들의 불신 풍조를 극대화시켜 궁극적으로는 학교 붕괴를 초래한다. 뿐만 아니라 공동선(公同善)을 추구하는 국가의 존재가 유명무실해지는 상황에 직면할 수 있다는 사실을 간과해서는 안 된다.

엄마의 리더십

얼마 전, 한 권의 책으로 하나 되는 시민을 위한 북클럽 소토론회 '책과 함께 공감토크'를 진행한 적이 있다. 각박한 현대 도시에서 책이라는 매체로 하나가 될 수 있다는 것은 분명 의미 있는 일이다. 시민 모두가 선정된 책을 독서하고 토론이라는 형식을 통하여 새로운 소통의 장을 연다. 이러한 과정에서 세대와 계층을 초월한 공감대를 형성하고 아름다운 공동체라는 지역문화를 창출할 수 있다.

상반기 도서로는 신경숙의 소설 『엄마를 부탁해』가 선정되었다. 이 책은 출간됨과 동시에 8만 부 이상 팔려 독자들의 지속적인 관심의 대상이 되었다. 작품은 온 가족이 실종된 엄마를 찾는 것으로 전개된다. 이 과정에서 엄마라는 존재를 새롭게 인식하고 엄마의 삶의 여정을 되새겨 본다. 작가는 작품을 통하여 독자 스스로 각자의 엄마를 생각하라는 메시지를 보내는 것이리라.

작품에 등장하는 엄마는 우리 모두의 엄마라고 해도 과언이 아니다. 엄마는 자식에게 알맹이를 빼준 채 빈껍데기로 존재한다. 시골에서 태어난 엄마는 학교 근처에도 가보지 못하고, 의지와 상관없는 결혼을 하고 오남매를 낳는다. 오직 자식에게 헌신하는 것을 낙으로 알고 살아온 그야말로 이 땅의 평범한 엄마 모습을 보여준다.

외도를 일삼는 남편은 걸핏하면 집을 나가 며칠씩 돌아오지 않는다. 급기야 남편은 젊은 여자를 집으로 들여 살림을 시작한다. 엄마는 수치심을 참지 못하고 자식들을 버려둔 채 집을 나간다. 밖에서 며칠을 보낸 엄마는 자식들이 제대로 먹지 못하고 학교 공부도 소홀히 한다는 것을 알게 된다. 그래서 자식들 교육만큼은 제대로 시켜야겠다는 일념으로 귀가를 시도한다. 자식에 대한 교육적 열정이 엄마의 마지막 자존심마저 버리게 한 것이다.

큰 아들에게 거는 엄마의 기대는 남다르다. 입에 풀칠조차 어려운 경제적 상황에서도 일을 시키지 않고, 공부에 전념할 수 있도록 온갖 배려를 다한다. 큰 아들 진학에 필요한 서류를 전해 주려 엄동설한에 슬리퍼 차림으로 야간열차 타는 것도 마다 않는다. 그렇다고 딸 교육을 소홀히 한 것은 아니다. 배우지 못한 것이 한이 된 엄마는 여자일수록 배워야 한다는 것을 잘 알고 있다. 둘째 딸을 큰 아들에게 맡기면서 동생이 제대로 공부하도록 보살피라는 말을 잊지 않는다.

최근 미국이나 중국, 인도 엄마들의 교육열도 만만치 않다. 그래도 우리나라 엄마들의 교육열을 따라갈 수 없다. 신경숙의 엄마를 차치하고서라도 어떻게 김연아나 박세리 엄마의 열정을 따라 잡을 수 있겠는가?

엄마들은 우리나라 교육열의 바로미터 역할을 수행한다. 국토는 좁고 지하자원도 부족한 나라에서 오직 엄마들의 교육적 열정만큼은 높이 평가할 만하다. 엄마들의 교육 열정이 오늘의 대한민국을 만들어 내었다는 말도 크게 틀리지는 않다.

새 정부의 교육정책 핵심은 교육 경쟁력 확보와 공교육 강화를 통하여 맞춤형 인재, 글로벌 인재를 육성하겠다는 것에 있다. 이러한 선언적 구호가 없을 때에도 우리의 엄마들은 우리가 세계적인 인재로 성장할 수 있도록 노력을 아끼지 않았다. 이제 우리에게 필요한 것은 거창한 선언적 구호가 아니라 겸손한 리더십이다. 엄마들의 겸손한 리더십을 연구할 이유가 여기에 있다.

아줌마·주부·여성의 이름으로

　모 방송국 월화 드라마 〈아줌마〉가 장안의 화제가 된 적이 있다. 이 드라마는 가부장적 집안의 순종파 전업주부가 자신의 삶을 돌아보고 변신하는 과정을 이야기했다. 여기에 등장하는 중심인물 오삼숙, 한지원, 최유미 등은 여성이라는 공통점을 지닌다. 그러나 이들이 살아가는 방식은 판이하다.

　오빠 친구인 장진구와 결혼한 오삼숙은 평범한 아줌마다. 남편의 외도로 이혼을 하고 친정집에서 아이 둘과 산다. 오삼숙의 이혼은 아줌마에서 당찬 페미니스트로 전환하는 계기가 된다. 세경 없는 머슴처럼 묵묵하게 가정에 안주하던 그녀는 이혼하면서 마치 전쟁터의 전사처럼 변신한다. 십 년 넘게 살았던 시댁과 전쟁을 선포하고 아이들의 양육권과 위자료를 받기 위해 동분서주한다. 이러한 모습에서 과거 오삼숙의 존재는 찾아보기 힘들다.

　대학 교수이면서 미혼으로 등장하는 한지원은 예비 아줌마라 할 수 있다. 오직 자신의 공부에 열중한 나머지 흔한 연애 한 번 하지 못한 인물이다. 그녀는 대학동창이자 오삼숙의 남편인 장진구와 사랑에 빠진다. 드라마는 한지원과 장진구의 적절치 못한 관계를 노출하면서 세상물정을 모르는 한지원을 비하한다.

최유미는 오삼숙의 오빠 오일권의 처로 등장하며 남편이 외도를 한다는 점에서 오삼숙과 공통된다. 그러나 오삼숙과 달리 이혼에 이르지는 않는다. 7년이나 외도한 남편을 용서할 뿐만 아니라 오히려 남편의 사회적 출세를 위해 마지막 자존심까지 버린다. 하지만 다른 남자를 만나는 등 남편의 행동에 대한 복수의 칼을 간다.

우선 이 드라마의 제목과 내용이 어떤 연관이 있는지 이해하기 힘들다. 막장 드라마가 그렇듯이 세 여자가 보여주는 모습은 결코 우리 사회 현실을 그대로 반영한다고 말할 수는 없다. 오삼숙의 새로운 자아 찾기, 한지원의 무분별한 이기심, 최유미의 자기희생을 위장한 복수심은 산업사회의 산물인 속물적 이기주의로 귀결시킬 수 있다. 이러한 상황은 남녀가 처음부터 철천지원수로 만났을 때나 가능한 이야기이다.

미국에서는 페미니스트이자 여성작가인 로러 도일의 작품 『항복한 아내』(The Surrendered Wife)가 선풍을 일으켰다. 제목에서 엿볼 수 있듯이 가정의 행복을 위해서는 아내가 항복을 해야 한다는 내용이다. 전사로서의 여성 이미지는 직장에 남겨두고 가정에 돌아와서는 천사로 변한다. 남녀평등 혹은 여성 우선을 금과옥조로 여기는 미국 사회에서 이 책이 출간되었다는 것은 여러 가지로 의미심장하다.

이 책에 대하여 한편에서는 유해하고 퇴행적이며 여성을 보호하지 못한다고 비판하고, 다른 한편에서는 페미니즘이라는 조류에 밀려 퇴색한 가정의 가치를 다시 생각하는 책으로 평가한다.

고례(古例)의 부부동권에 의하면 "혼인은 남녀가 몸을 합치는 데에 의의가 있다. 남녀가 일단 몸을 합치면 남자의 신분이 높으면 여자도 높아지고, 남자가 낮으면 여자도 낮아진다."라고 하였다. 주지하듯 남녀는 경쟁관계가 아니다. 여자를 음(陰)으로 남자를 양(陽)으로 생각해보자.

음과 양은 우선순위를 따질 수 있거나 홀로 존재하는 성질의 것은 아니다. 음양이 서로 조화를 이룰 때 그 존재의 의미가 더욱 빛난다는 것은 틀림없다. 음이 부족한 부분은 양이 채워주고 양이 부족한 부분은 음이 채워주는 상호보완적 차원으로 발전해야 한다. 괴테의 말처럼 왕이든 농부이든 자기의 가정에서 사랑과 평화를 발견하는 자가 가장 행복한 인간이기 때문이다.

아버지의 교육법

일전에 한 일간지에 실린 혜민 스님의 글 「아들이 아버지를 이해한다는 것에 대해」를 읽은 적이 있다. 그는 아버지와 아들의 관계를 일반적으로 복잡하게 얽힌 것으로 인식하고 아버지를 몇 가지 유형으로 분류한다. 이 글을 읽자마자 가슴 밑바닥에서부터 돌아가신 아버지 모습이 간절하게 솟구쳐 올랐다. 회갑을 지내시고 바로 돌아가셨으니 아무리 인명(人命)은 재천(在天)이라 한들 천수(天壽)를 다 누리지 못했다는 생각을 지울 수 없다. 이러한 생각을 할 때마다 알 수 없는 분노와 억울함 그리고 아련한 그리움이 복합적으로 치밀어 오른다.

먼저 가신 아버지를 떠올릴 때마다 선뜻 내세울 만한 추억이 없다는 것이 나를 슬프게 한다. 평소 말씀이 적으셨던 아버지께선 자식들에게도 특별한 말씀이 없으셨다. 당시 어린 자식들이 모든 것을 알아서 했을 리가 만무한데 이래라 저래라 도무지 지적을 하셨던 기억이 없다. 뿐만 아니라 '사랑한다느니, 좋아한다느니'라는 말은커녕 어떤 살가운 한마디의 말도 하시지 않으셨다. 나 또한 아버지께 그런 말을 해본 기억이 없다.

그러나 이런 빈곤한 기억 속에서 다행스럽게도 내 기억의 저변을 자리하는 하나의 사건이 있다. 이 사건마저 기억하지 못한다면 나는 아버지와의 특별한 연결고리를 발견하지 못한 영원한 불효자로 남을 수밖에 없었을 것이다.

초등학교 저학년 때 일이었던 것으로 짐작된다. 집에서 학교까지 3㎞ 이상 되었으니 어린 나이에 짧은 거리는 아니었다. 겨울방학과 봄방학이 끝나고 새 학기가 막 시작되었을 조금은 권태로울 만한 시기였다. 당시 허허벌판에서 불어오는 칼바람은 온몸을 파고들어 몸서리를 치게 했다. 나는 옆집에 살던 친구와 등교 중에 문득 '이렇게 추운 날 등교를 해야만 하는가.'라는 철없는 생각을 한 듯하다. 누가 먼저라고 할 것도 없이 우리는 볏짚단을 쌓아 둔 논바닥 양지쪽에 자리를 잡았다. 그리고 아무 생각 없이 햇볕을 쬐면서 여유롭고 한가한 시간을 보냈다. 이윽고 학교가 파할 무렵 동네 아이들의 무리에 섞여 그들과 함께 아무 일도 없던 것처럼 유유히 집으로 돌아왔다.

이런 날이 며칠째 지속되고 재미를 붙일 즈음 나의 불온한 비밀은 탄로 나고 말았다. 나의 행동이 의심스러웠던지, 다른 볼일 보려 나오셨던지는 알 수가 없으나 아버지의 억세고 커다란 손에 붙잡혀 학교에 갈 수밖에 없는 처지가 되었다. 하교 후 집으로 돌아온 그 날 아버지께 눈물이 쑥 빠지게 혼이 났다. 초등학교 저학년 때 사건을 수십 년이 지난 지금도 생생히 기억나는 것을 보면 얼마나 혼이 났는지 짐작이 간다. 다음날부터 등교하지 않을 엄두도 내지 못했을 뿐만 아니라, 이후 초등학교, 중학교, 고등학교, 대학교까지 결석이나 결강 한 번 하지 않았다. 당시 아버지께 야속한 생각이 들기도 했지만 자식의 나쁜 버릇을 제대로 고치기 위해 단호한 결단을 내리신 것으로 판단된다.

오늘같이 추적추적 비가 내리는 날이면 먼저 가신 아버지의 모습이 눈앞에 선하다. 나는 오늘 생전에 너무나 과묵하셨던 모습과 단호하게 자식을 다스렸던 아버지의 모습이 상충되는 지점에 서 있다. 이 지점에서 아버지께서는 어떤 교육자보다도 훌륭하신 분이었다고 자신 있게 말하고 싶다. 수많은 말보다 단 한 번의 행동을 중요하게 여기시고 자식에게 무한 신뢰의 메시지를 보내신 것이다. 이러한 아버지의 교육법이 자식의 자아 존중감을 키워 어떤 시련도 극복할 수 있는 힘과 용기를 주었다. 자식에게 제대로 된 효도 한번 받지 못하고 일찍 세상을 떠나신 아버지의 모습이 너무나 그리운 밤이다.

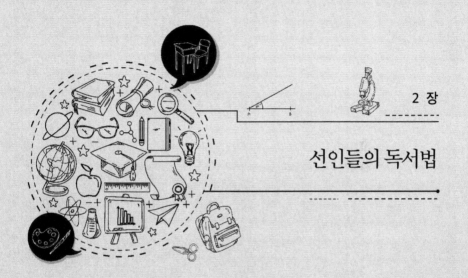

2 장

선인들의 독서법

새로운 개념의 독자

문학이란 일반적으로 작가, 독자, 텍스트로 구성되어 있는 것으로 인식한다. 이러한 주장에 뿌리를 두고 있는 프랑스 구조주의자들은 영미 신비평가로부터 이미 구성이 끝나 고정되고 폐쇄된, 따라서 죽어 있는 자료 위에서 작업하는 부류로 비판받았다. 독자를 단지 텍스트 내의 정보를 피동적으로 받아들이는 존재에 불과한 것으로 생각했기 때문이다.

하지만 독일의 수용미학자들이 등장함에 따라 전통적인 문학의 개념에 변화가 일어나기 시작하였다. 기존의 작가, 독자, 텍스트라는 문학의 3대 구성요소에 작품의 개념이 추가된 것이다. 작품이란 작가가 창작해낸 원본 텍스트와는 또 다른 의미를 내포하고 있다. 원본 텍스트는 독자의 독서행위가 완성될 때 작품의 개념이 획득된다. 말을 바꾸면 독자의 독서과정이 수행되지 않으면 텍스트는 원본으로 존재할 뿐 진정한 작품의 반열에 오를 수 없다. 원본 텍스트는 독자를 만남으로써 비로소 그 생명을 얻게 되는 셈이다.

텍스트의 의미가 완성되기 위해서는 독자의 독서과정이 필수적으로 수반되어야 한다. 독자는 독서과정을 통하여 텍스트 내의 무수한 빈 공간들을 창조적으로 채워나간다. 빈 공간을 채워가면서 예기, 좌절, 회고, 재구성을 경험하고 진정한 독서의 즐거움을 맛본다. 능동적인 독자의 등장으로 기존의 작가나 작품 위주의 문학적 접근법은 그 세력이 약화되고 말았다. 이러한 사실은 작가와 작품의 권력으로부터 독자의 권력으로 이데올로기적 전환 현상을 가져왔다고 해도 과언이 아니다.

앨빈 토플러의 주장에 기대면 인류는 농경기술을 발견한 이래 1만 년 동안 제1의 물결 속에서 살아왔다. 이후 산업혁명에 의한 기술혁신으로 300년 동안 제2의 물결을 경험했다. 그리고 우리는 고도로 발달한 과학기술에 의해 제3의 물결로 명명되는 디지털시대를 살고 있다. 독자의 역할 또한 이러한 시대적 흐름과 무관하지 않다. 작가나 작품 중심의 제1의 물결, 독자 중심의 제2의 물결 그리고 제3의 물결 즉 디지털시대에는 기존의 작가와 독자의 개념이 모호해진다. 프로슈머(Prosumer)라는 새로운 개념의 등장 때문이다.

프로슈머란 앨빈 토플러의 저서『제3의 물결』에서 처음 예견되었다. 기업의 생산자(Producer)와 소비자(Consumer)를 합성한 말로 '생산하는 소비자', '설계하는 소비자'로 해석할 수 있다. 디지털시대의 경제는 역할 구분이 모호해지고 소비자 중심으로 역할이 재통합된다는 뜻이다. 인터넷의 등장이 이러한 주장의 논거가 되며, 그것이 프로슈머의 등장을 위한 최적 인프라를 제공하고 있다. 프로슈머는 인터넷을 통하여 사람을 만나고 쇼핑을 하고 게임을 즐기고 독서를 한다.

디지털시대의 프로슈머는 작품을 소비하기만 하는 존재가 아니다. 작품의 의미를 다양하게 해독할 줄 알며 작품이 전달하는 내용을 평가하고 논의하여 완성도를 높인다. 뿐만 아니라 새로운 작품을 창작하도록 영향을 주거나 직접 작품을 창작한다.

프로슈머는 작가와 독자의 융합을 시도하고 있다. 결국 초작가, 초독자를 창출해내어 작독자(作讀者)라는 새로운 개념으로 진화하고 있는 것이다.

디지털시대의 독서

디지털시대의 인터넷은 인류 최대의 백과사전의 역할을 수행하는 다매체(Multimedia)이다. 다매체는 음성이나 문자, 그림, 동영상 등이 혼합된 다양한 매체를 이른다. 초기의 컴퓨터는 문자가 중심이었으나 입력과 출력의 기술이 발전함에 따라 문자는 물론이고 음성이나 그림, 동영상 등의 다양한 매체까지 처리하게 되었다. 따라서 디지털시대의 독서 양식도 많은 부분 변화의 조짐을 보인다. 이제 문자를 읽는다는 소박한 개념의 독서는 다매체까지도 함께 읽어낸다는 포괄적 개념으로 이해한다.

다매체는 읽는다는 표현보다는 보고 듣는다는 표현이 더 어울린다. 다매체에 내포된 문자는 읽을 수 있지만, 음성이나 그림, 동영상을 읽는 것이 아니라 보고 듣는 것이다. 그렇다면 읽는 것뿐만 아니라 보고 듣는 것도 독서의 범주에 포함할 수 있는가라는 의문에 봉착한다. 엄격하게 말하면 다매체에 내포된 음성이나 그림, 동영상은 주로 문자를 보충 설명하는 역할을 수행하는 경우가 많다.

말을 바꾸면 독자들에게 문자를 쉽게 이해시키기 위해 존재하는 것이다. 그렇기 때문에 문자를 읽는 것뿐만 아니라 음성을 듣고, 그림이나 동영상을 보는 것조차도 독서행위에 해당한다고 정의할 수 있다.

디지털시대의 독서환경에도 많은 변화가 일어난다. 매체비평가인 포스트 맨은 화상계 다매체가 인쇄매체를 지배할 수 있다고 경고한다. 텔레비전이나 인터넷이 우리를 편하게 해줄지는 모르지만 인류의 문화를 파멸에 이르게 할지도 모른다는 말이다. 이러한 우려와는 달리 화상계 다매체가 융성하는 속에서도 인쇄매체는 여전히 건재하다. 오히려 신문이나 잡지, 저서 등의 출간이 더욱 늘어나는 추세이다. 이렇듯 화상계 다매체가 중심매체로 성장하고 있는 듯하지만 실제로 인쇄매체와 공존하고 있다. 화상계 다매체는 형식 중심의 매체이고 인쇄매체는 내용 중심의 매체이다. 형식 없는 내용이 없고, 내용 없는 형식이 없듯이 화상계 다매체와 인쇄매체는 마치 동전의 양면처럼 존재한다. 인쇄매체가 부재한 화상계 다매체는 앙꼬 없는 찐빵에 비유할 수 있다. 화상계 다매체와 인쇄매체는 서로 제 기능을 훌륭하게 수행하면서 상호보완적 존재로 작용한다.

빌 게이츠는 마이크로소프트사를 설립하고, 퍼스널 컴퓨터의 운영체제 프로그램인 윈도우 시리즈를 출시한 디지털시대의 선두 주자이다. 하지만 그는 독서광으로 "훌륭한 독서가가 되지 않고는 참다운 지식을 갖출 수 없다. 멀티미디어 시스템이 정보를 전달하기 위해 비디오 영상과 음향을 많이 사용하지만, 그래도 책은 여전히 세부적인 내용을 전달하는 최선의 방식이다."라고 말했다. 다매체로 표현되는 영상과 음향도 인쇄매체로 대표되는 책의 기능을 빼앗을 수는 없다는 의미이다. 벤저민 프랭클린도 "독서는 정신적으로 충실한 사람을 만든다. 사색은 사려 깊은 사람을 만든다."라고 주장했다.

독서는 정신적으로 충실하고 사려 깊고, 확실한 사람을 만든다. 때문에 날밤을 세워가며 독서해도 동트는 새벽에 피곤함을 느낄 수가 없다. 그것은 헤르만 헤세의 말처럼 "우수한 사상가나 시인이 저술한 책을 이해하고 감상한다는 것은, 항상 하나의 실현이요 행복한 체험"이기 때문이다. 인용한 세 인물이 동시대에 태어나지는 않았지만 하나같이 읽는 독서의 중요성을 강조한다. 디지털시대 독서행위는 읽는 것에 한정되지 않고 듣는 것과 보는 것까지도 포괄하는 개념으로 확장되고 있다. 다매체의 속성인 듣는 행위와 보는 행위마저 읽는 독서행위를 위해 존재한다. 이러한 사실은 화상계가 주도하는 디지털시대에도 여전히 문자는 건재하다는 것을 증명하는 것이다.

선인들의 독서법

하늘은 드높고 아침저녁으로 선선한 바람이 불어오니 가을이 문턱까지 스민 듯하다. 하기야 입추와 처서가 지났으니 가을이라 해도 틀린 말은 아니다. 가을하면 먼저 떠오르는 것은 독서이다. 그야말로 가을은 독서의 계절이다. 어찌하여 가을이 독서의 계절인지는 알 수 없다. 필시 수확을 앞둔 오곡백과를 생각하면서 편안한 맘으로 독서에 집중할 수 있기 때문은 아닐까? 가을의 길목에서 선인들의 독서법에 대하여 살펴보는 것도 나름의 의미가 있다.

조선 중기의 문신 이덕수는 철저하게 정독(精讀)을 고수하였다. 정독은 독서의 가장 기본이다. 우선 정독하는 방법이 적용되면, 지독(遲讀)하거나 미독(味讀)하는 방법을 취할 수 있다. 정독은 이덕수가 주장하듯 회오리바람이나 번개를 동반하는 소나기를 말하는 것은 아니다. 그것은 여름날 하늘과 땅의 기운이 교감을 이룰 때, 아침부터 저녁까지 꾸준하게 내리는 장맛비를 의미한다.

소나기가 짧은 시간에 많은 것을 읽는 독서법이라면, 장맛비는 오랜 시간 동안 꾸준하게 읽는 독서법이다. 전자가 단순하게 암기하는 것에 그친다면 후자는 독서를 통하여 뭔가를 깨닫는 독서법이라 하겠다. 작가가 발언하는 내용만을 읽는 것이 아니라 행간의 의미를 채워가는 생산적이고 창조적인 독서를 의미한다. 행간의 의미를 채운다는 것은 작가가 발언하지 않은 의미까지 찾는 과정이다.

같은 시대를 살았던 퇴계 이황은 완고한 독서를 고집하였다. 아무리 피곤하고 힘들어도 곧고 바른 자세는 변하지 않았다. 그 뜻이 이해가 되지 않을 때면 열 번 스무 번을 읽어 의미를 완전하게 이해하였다. 선생이 독서할 때면 오뉴월 무더위에도 방문을 굳게 닫고, 식사와 용변을 보는 일 이외는 일체 외출을 삼갔다고 한다. 이를 안타깝게 여긴 친구가 찾아와 독서도 좋지만 건강도 챙기라고 충고할 정도였다.

오뉴월 폭서도 선생의 독서열을 방해할 수는 없다. 독서에 집중하다 보니 춥고 덥고 하는 일상의 일기는 관심 밖의 일이다. 수없이 되풀이되는 독서를 통하여 무한한 진리를 발견하고, 그것이 정신을 상쾌하게 하고 마음에 기쁨이 솟아오르게 하는 원동력이 되었다. 이러한 과정을 통하여 학문하는 방법을 터득하고, 새로운 깨달음의 경지에 도달할 수 있었다.

어느 날 한 제자가 찾아와 올바르게 글을 읽는 법을 묻자 "글이란 정신을 차려서 수없이 반복해 읽어야 하는 것이다. 한두 번 읽어보고 뜻을 대충 알았다고 해서 그 책을 그냥 내 버리면, 그것이 자기 몸에 충분히 배지 못해서 마음에 간직할 수가 없게 된다."라고 하였다. 이어서 "글을 읽는 가장 중요한 목적은 반드시 성현의 말씀과 행동을 본받아서, 그것을 자기 것으로 만들 수 있는 경지에까지 도달하는 데 있다. 그러므로 서둘러 읽어서 그냥 넘겨 버리면, 그 책을 읽기는 했어도 별로 소득은 없게 되는 것이다."라고 답한다.

그렇다. 또렷하게 깨어있는 맑은 정신으로 오감을 집중한 수없는 반복을 통하여 참다운 독서의 경지에 도달할 수 있다. 그러니 정독과 반복 독서를 통하여 성현들의 말씀과 행동을 내면화시켜야 한다. 깊어가는 가을밤에 책장 깊숙이 숨어 있는 고전의 향기를 맡아 보는 것은 어떨까.

독서의 진정한 즐거움

인문학은 자연과학에 대립되는 개념으로 인간의 사상 및 문화를 대상으로 하는 학문영역을 의미한다. 그것은 인간의 가치 탐구와 표현 활동을 대상으로 하며 언어학, 문학, 역사, 법률, 철학 등 인간을 내용으로 하는 학문을 포괄하고 있다.

최근 인문학에 대한 관심과 더불어 문학에 대한 관심 또한 높아지는 추세이다. 유독 인문학과 문학이 밀접한 연관성을 지니는 것은 '교양을 위한 학문', '인간의 정신을 고귀하고 완전하게 하는 학문'이라는 공통점 때문이다. 특히 문학은 학문의 영역에서 벗어나 '왜 사느냐?', '어떻게 살아야 하는가?'라는 대명제에 초점을 맞춘다.

독일의 수용미학자들은 작가, 독자, 텍스트라는 전통적 문학의 구성요소에 '작품'의 개념을 추가한다. 여기서 말하는 작품이란, 작가가 창작한 원본 텍스트와는 또 다른 의미를 내포하고 있다. 작가에 의해서 창작된 원본 텍스트는 독자를 만남으로써 비로소 작품의 의미를 지닌다. 아무리 위대한 작품이라 하더라도 독자가 읽지 않으면 작품으로서 생명의 가치를 인정받지 못한다. 원본 텍스트는 완성품이 아니라 독자와 진정한 소통 후에 구체화되어 작품의 가치를 지닌다.

우리가 살아가는 방법이 다양하듯이 문학을 분석하고 이해하는 방법도 여러 가지다. 로만 잉가르덴은 작가가 서술한 공간은 항상 부분적으로만 결정된 하나의 도식구조라고 말한다. 그곳은 불확정 영역으로 독자가 뛰어놀 수 있는 공간이다. 독자가 이 공간을 어떻게 채워 현실화 또는 구체화시키느냐에 따라 독자의 능력을 판별할 수 있다. 독자의 상상력이 공간을 채우는 가장 중요한 요소로 작용하는 것이다.

불확정 영역은 문학과 비문학을 구분하는 중요한 잣대로 작용한다. 문학은 수행언어로 쓰여져 불확정적이고 비문학은 진술언어로 쓰여져 확정적이다. 이를테면 법률 텍스트나 과학적 논문 등의 비문학은 진술언어로 쓰여져 객관성이나 논리성을 금과옥조로 삼는다. 이러한 텍스트는 확정적 성격이 강하여 빈틈을 발견하기 어려워 독자의 상상력이 개입할 여지가 없다.

반면에 문학작품에 내포된 불확정 영역은 작품 자체의 미숙함이나 결함이 아니라 독자의 개입을 유도하는 공간이다. 독자는 불확정 영역을 매워가며 작품의 의미를 발견하고 독서의 즐거움을 느끼게 된다.

이처럼 독자의 독서과정이 텍스트의 의미를 완성시킨다. 독자의 독서과정이 수행되지 않으면, 텍스트는 원본으로 존재할 뿐 진정한 작품의 반열에 오를 수 없다. 독자는 독서과정을 통하여, 텍스트 내의 무수한 불확정 영역을 능동적이고 창조적으로 채운다. 이러한 가운데서 독자의 상상력은 무한대로 확장된다. 결국 작가가 만들어 낸 문학 작품의 불확정 영역은 독자와 작가의 역동적인 소통의 장이 되어 독서의 진정한 즐거움을 맛보는 역할을 수행하는 것이다.

자기주도적 독서논술

인터넷과 스마트폰이 현대인의 삶의 중심을 차지하여 한순간도 손에서 놓을 수 없는 기기가 되었다. 그런 만큼 상대적으로 독서는 뒷전으로 밀려 한 달 아니 일 년에 책 한 권 읽지 않는 사람들의 숫자는 증가하고 있다. 시시각각으로 변화하고 있는 현대에 적응하기 위해서는 독서로 다양한 경험을 쌓아야 한다는 것은 삼척동자도 다 아는 사실이다. 평생학습시대를 살아가는 있는 현실에서 독서는 안목과 기회의 폭을 넓히고 다양한 사람들의 삶을 경험하게 한다. 아울러 그것을 통하여 인류의 문화를 공유하고 향유하여 지혜를 확장하는 것이다.

교육부는 '2015 개정교육과정'에서 인문·사회·과학·기술에 대한 기초 소양을 함양해 창의·융합형 인재를 양성시키겠다는 발표를 했다. 창의·융합형 인재란 '인문학적 상상력과 과학기술 창조력을 갖추고 바른 인성을 겸비해 새로운 지식을 창조하고 다양한 지식을 융합해 새로운 가치를 창출할 수 있는 사람'을 의미한다.

자기주도적 독서논술은 개정교육과정에서 강조하는 창의·융합형 인재 양성을 위한 원천적 요소로 작용할 수 있다. 주지하듯 자기주도적 학습은 학습자 스스로가 학습의 참여 여부와 목표 설정 및 교육 프로그램의 선정과 교육평가까지 자발적으로 선택하고 결정하는 학습 형태이다. 자기주도 학습이 독서논술과 결합할 때 자기주도적 독서논술이 탄생한다. 논술이 어떤 문제에 대하여 자기 생각이나 주장을 논리적으로 풀어서 적은 글이라면, 독서논술은 일반적으로 독서와 논술의 결합으로 독서의 성격과 논술의 특징을 잘 드러낸다. 그것은 독서 내용을 바탕으로 논의 가치가 있는 문제를 발견하고 이를 이치에 맞게 논함으로써 창의적으로 문제를 해결하는 등 이치를 밝혀 서술하는 글이다.

자기주도적 독서논술 지도를 위해 '도서의 선택과 독서 활동 및 독후 활동' 등 모든 분야에 세심한 관심을 기울여야 한다. 자기주도적 독서논술 지도는 독서에 대한 흥미와 관심 그리고 자신감에 초점이 맞추어 있다. 이러한 독서논술 지도법은, 학생들의 개성과 사고의 독립성을 존중하는 것이다. 학생의 비판적이고 창의적 사고력은 이러한 분위기에서 확장된다. 이를 위해 몇 가지 준수해야 할 사항을 정리해 본다.

도서 선택 이전에 학생들의 관심 분야를 확인한다. 최대한 자유스러운 분위기에서 말할 수 있도록 하고 그 이유를 기록하면 좋다. 학생들이 선택한 관심분야에 대하여, 더 알고 싶은 부분을 스스로 탐색하도록 한다. 도서관이나 인터넷을 통하여 검색하면 효율적이다. 또한 학생들이 관심분야와 관련된 교과서나 신문을 찾아볼 수 있게 하고, 어떤 부분이 어떻게 관련되어 있는지를 구체적으로 기록할 수 있도록 한다.

　학생 스스로 도서 목록을 선정하여, 타율적 독서보다는 자기주
도적 독서를 유도할 수 있다. 이러한 목표 달성을 위해, 선정된 도
서를 바탕으로 도서에 대한 이해분석을 스스로 체험할 수 있도록
한다. 선정된 도서에 대한 독서 기간을 정하고, 독서 후에 정보를
정리할 수 있는 기회를 준다. 도서에 대한 이해와 분석을 바탕으로
스스로 수준에 맞는 과제를 제시·해결하고, 점차 한 단계 높은 과
제를 제시하고 해결하는 것이 좋다.

　효율적 독서논술을 위해서 밑줄 긋기, 요약하기, 예상하기, 결말
선택하기 방법을 활용할 수 있다. 밑줄을 그은 부분을 중심으로 요
약문을 만들며, 교사가 도서의 내용 일부를 이야기하고 나머지 부
분은 학생 스스로가 예상하도록 한다. 결말 선택하기는 학생 스스
로가 마인드맵을 통하여 이야기를 선택하고 결말을 만들어 나가는
방법이다.

　학생들은 정리된 정보를 바탕으로 다양한 독후 활동을 할 수 있
다. 독후 활동은 독서 감상 표현 사례를 활용하는 것이 바람직하
다. 그것은 독서신문 제작, 숨은 그림 찾기, 만화그리기, 독서 게임
만들기, 이어쓰기, 독서 퀴즈 문제 제작, 작품 재구성, 역할 놀이 등
의 독서 감상 표현 사례를 참고할 수 있다.

　창의·융합형 인재 양성은 개정교육과정에서 강조하고 있는 미래
사회를 대비하기 위한 방안이다. 기존 지식주입형 객관식 교육으로
는 달성하기 어려운 과제라 할 수 있다. 자기주도적 독서논술을 통
하여 학생들이 스스로 독서하고 토론하고 논술문을 작성할 수 있
는 분위기를 조성해야 한다. 이러한 과정을 통하여 문제를 발견하

고 창의적으로 해결할 수 있는 역량을 지닌 인재를 육성할 수 있
는 것이다.

창의적 통합논술 시대

지금 이시간에도 지구는 돌아가듯이 시대가 바뀌면 국가 정책도 변하지 않을 수 없다. 오늘의 현실은 창의력과 문제해결력을 갖춘 인재를 육성해야 하는 시대이다. 이제 단순히 지식만을 전달하는 교육방식에서 벗어나, 통찰력과 사고력 및 문제해결력을 길러 창조적 가치를 창출할 수 있는 인재를 육성해야 한다. 우리나라가 선진국으로 진입하는 과정에서 논리적이고 창의적인 사고력을 갖춘 인재가 절실하기 때문이다.

상대방에게 자신의 생각을 논리적으로 전달하는 일은 결코 쉽지 않다. 자신의 생각을 논리적 문장으로 제시할 수 있는 능력을 평가하는 것이 각 대학에서 시행하는 통합논술이다. 통합논술은 교과 내용을 중심으로 다양한 소재를 포괄하는 제시문을 읽고 논제를 분석하여, 자신의 생각이나 주장을 논리적 근거를 들어 채점자를 설득하는 과정이라 할 수 있다. 대학에서 통합논술 시험을 치르는 것도 근본적으로는 창의적 생각으로 문제를 해결하는 능력 있는 인재를 선발하기 위해서다.

그렇다고 논술이 단순히 대학입학을 위한 통과의례의 형식을 지니는 것은 아니다. 논술은 오히려 대학에서 본격적으로 공부하기 위해 더 필요하다. 대학교육은 학생 자신이 문제 핵심을 파악하고, 비판적으로 사고한 뒤, 창의적 사고를 논리적으로 표현해낼 수 있도록 하는 것에 초점을 맞추고 있다. 학생이 수시로 제출하는 리포트나 실험보고서 및 평가가 그러하다. 다 아는 것처럼 대학의 평가는 교양과 전공으로 나눠지는데 전공 평가 대부분은 논술 및 서술형 시험으로 치르게 된다.

아울러 졸업논문 또한 논술의 확장으로 볼 수 있다. 대학 졸업 이후 대학원에서 석사, 박사 학위 취득을 위해서나 각 기업체 취업을 위해서도 논문형 논술은 필수적이다. 그렇다면 논술은 이미 우리 사회 전반에서 다양하게 활용하고 있다는 사실을 발견하게 된다. 특히 논술은 우리의 머릿속에 숨어 있는 지식을 풀어낼 수 있는 합리적 도구로서 매우 중요한 작용을 하는 셈이다.

언젠가 서울대 정시모집에 모든 수능 영역에서 1등급을 받은 수험생 286명이 지원하여 이 중에서 절반이 넘는 149명이 불합격 처리된 적이 있다. 학생부와 논술 및 구술만 보는 2단계 전형에서 당락이 갈린 것이다. 이는 1~2점 차이로 수능등급이 갈리는 수능등급제가 학생들의 실력을 제대로 반영하지 못하는 것을 입증한다. 또한 수능 성적과 논술, 구술면접과의 연관성이 부족하다는 것을 나타낸다. 그것은 논술, 구술면접과 연관성이 떨어지는 수능 중심의 고교교육의 모순점을 여실히 보여준 것이다. 프랑스나 독일의 학교 교육과정이 바칼로레아나 아비투어와 밀접한 연관성이 있다는 것이 시사하는 바는 매우 크다.

최근 우리나라 일부 고등학교 서술형 평가 문제가 통합논술형으로 출제되고 있다는 사실은 매우 고무적이다. 논술과 고교 교과과정은 따로국밥이 아니라 학교시험에 익숙해야 논술시험도 잘 볼수 있다는 취지를 살린 것이다. 서울시교육청은 각급 학교에 서술형 문제를 50% 이상 출제할 것을 권고하면서 대부분의 학교는 중간 및 기말고사에 통합논술에 가까운 문제를 출제하였다. 학교에서 서술형 평가 문항을 지속적으로 개발하고, 학생이 이에 대비하는 학습 태도를 갖추면 학원 등 사교육의 도움 없이도 통합논술 대비가 가능하다.

창의적 통합논술은 시대적으로나 사회국가적으로도 매우 중요한 위치를 차지한다. 논술지도는 대학 입학보다도 교육의 본질을 위해서 더 중요하다. 논술로 교과서에서 배운 지식을 내면화하고 논리적 사고를 키울 수 있으며, 토론과 대화의 방법을 익힐 수 있다. 결국 우리는 논술교육을 통하여 함께 더불어 살아가는 삶의 방식을 배우게 되는 것이다.

다원적 평등시대와 토론

토론은 고대 그리스 로마 문명의 발달과 밀접한 연관성이 있다. 그리스 로마 문명은 이집트와 메소포타미아 문명의 전통을 이어받아 인류 문명의 새로운 전기를 마련하였다. 이처럼 그리스 로마 문명이 발달한 것은 당시 도시국가였던 아테네 민주정치에서 그 원인을 발견할 수 있다. 아테네 민주정치는 나름대로 한계를 지니지만 현대 민주정치의 이상적 모형으로 평가된다. 시민계급의 성인 남성이면 당시 도시국가 형태인 폴리스에 참여하여 공적인 토론을 할 수 있었다. 토론은 당시 학문의 한 분야로 인식되어 여러 가지 사회적 문제를 해결하는 수단으로 활용되기도 하였다.

이에 비해 동양에서의 토론은 그리 활성화된 편은 아니었다. 우리나라나 중국, 일본의 토론 역사를 살펴보더라도 높은 수준의 토론문화를 찾아보기는 어렵다. 중국의 경우 춘추전국시대 제가백가의 토론이 확인되고, 일본의 경우는 2차 대전 이후에 토론과 스피치에 대한 관심을 보였다. 우리나라의 경우는 율곡 선생과 퇴계 선생의 이기일원론이나 이기이원론에 관한 토론의 흔적을 발견할 수 있다.

하지만 더는 우리의 발전된 토론의 흔적을 추적하기는 어렵다. 특히 우리나라는 오랜 기간 동안 절대왕정 시대를 유지해왔다. 따라서 유교주의 사고방식이 우리의 정신세계를 지배해 온 것이다. 그 결과 강압적 상명하복식 위계질서의 논리가 미덕으로 여겨졌다. 이러한 상황에서 일반 민중이 토론을 요구한다는 것은 질서를 파괴하는 범죄행위와 다르지 않았다. 따라서 민중에게 토론은 학문적 연구대상이나 정치적 도구로써의 기능 수행이 어려울 수밖에 없었다.

그러나 1997년 제15대 대통령 선거부터 텔레비전을 통하여 각 정당의 후보자들이 직접토론을 실시하기에 이른다. 이로 말미암아 우리 사회전반에 토론문화에 대한 변화의 바람이 불었다. 종전의 상명하복식 수직적 명령문화가 수평적 토론문화로 변화한 것이다.

토론문화의 정착은 다원적 평등시대의 정착을 의미한다. 마이클 왈저의 지적처럼 현대 사회에서 가치는 다양할 수밖에 없으며, 정의는 무엇보다 사회적으로 인정된 가치들의 분배와 관련된다. 정의의 원리인 평등은 사회적 가치의 다원성을 반영하는 다양한 분배기준을 요구한다. 다원주의와 평등의 문제의식을 결합한 이른바 '다원적 평등(Complex equality)'은 사회적 가치들이 서로 다른 의미를 가지며, 각각의 분배 원칙도 상이할 수밖에 없다. 그는 한국사회를 세속적 물질주의와 권력지상주의에 지배되고 돈과 권력의 유착으로 점철된 곳으로 인식하였다. 우리 사회가 이를 극복하기 위해서는 더 많은 사람이 가치의 다원성을 인식하고, 사회 각 영역의 자율성을 확보해야 한다는 것이다.

토론은 미국, 영국, 프랑스 등의 국가에서 이미 교육과정의 정규 과목에 포함되어 있다. 그들은 이러한 과목을 통하여 '수사학이나 논쟁에서 이기는 법, 주장을 논리적으로 전개하는 법' 등을 배우고 익힌다. 우리나라의 경우는 고등학교 2학년 과정에 '화법'이 선택 과목으로 배정되어 있다. 그렇지만 대다수 고등학교에서는 선택하지 않을 뿐만 아니라 선택했다 하더라도 국, 영, 수 주요과목의 자율학습하는 시간으로 대용하는 실정이다. 그럼에도 불구하고 대학 입시에 구술과 면접 그리고 논술이 엄연히 존재한다는 것은 아이러니한 현실의 단면을 보여주고 있는 셈이다.

살펴본 것처럼 토론의 역사는 수세기를 거슬러 올라간다. 하지만 우리의 토론문화는 일천하기 짝이 없다. 과거 독선적 권위주의 시대는 우리 사회 전반의 모든 사항이 수직적으로 진행되었다. 이러한 시대적 상황에서 민중에게 토론은 빛 좋은 개살구에 불과했다. 이제 시대가 바뀌어 다원적 평등시대가 되었다. 토론은 다원적 평등시대의 도래와 맞물려 획일적이고 독선적 사고방식과 결별을 선언하는 역할을 수행하는 것이다.

'흔글'의 사망과 부활

우리나라의 대표적 워드프로세서인 '흔글'은 우리와 한 시라도 떠날 수 없는 필수적 도구가 된 지 오래되었다. '흔글'은 1988년에 이찬진 등이 만들기 시작하여 1989년 초판이 완성되었으며, 1990년에는 한글과컴퓨터라는 회사를 설립하여 판매를 시작하였다. 이후 순항을 하던 회사가 1998년 IMF 사태를 시작으로 경영이 악화되어 개발포기를 선언하였다. 그러자 '흔글'을 아끼던 국민이 '흔글' 살리기 운동을 전개하여 현재까지 살아남을 수 있던 것이다.

구체적으로 살펴보면, 1998년 당시 한글과컴퓨터사는 미국 마이크로소프트(MS)사로부터 2천만 달러 유치 계약을 추진하여 발표하면서 개발포기를 선언하였다. 이와 관련해 당시 정보통신부는 현재로서 외국투자를 받아들이는 것이 바람직하다고 밝혔다. 뿐만 아니라 "흔글의 포기문제는 감정적 대응이 아닌 시장원리에 따라 해결돼야 한다."라는 입장을 고수하였다. 이러한 주장은 당시 4백만 명 이상이 활용하고 있는 '흔글' 사용자들의 입장을 대변하지 못했을 뿐만 아니라 국민 정서와도 어긋나는 태도라 할 수 있다.

'흔글'의 개발포기 선언은 우리나라 벤처기업을 대표하는 한글과 컴퓨터사의 몰락이라는 차원을 넘어, 우리나라 전체 소프트웨어산업의 위상 및 우리의 자존심과 관련되는 문제이다. 사망 위기에 놓였던 '흔글'은 '흔글지키기 운동본부'가 결성됨에 따라 부활하기 시작하였다. 흔글지키기 운동본부와 한글과컴퓨터사는 MS사가 제안한 흔글포기를 전제로 한 투자 유치를 취소하고, '흔글'에 대한 국민적 사랑과 성원을 바탕으로 '흔글'을 계속 유지·발전시켜 나갈 것을 합의하였다.

양측은 MS사와의 2천만 달러 투자 유치 협상을 중단하고, 운동본부로부터 1백억 원의 투자를 유치하며, 운동본부와 공동으로 소프트웨어 정품사용 운동과 1백만 회원가입 운동을 추진키로 한 것이다. '흔글' 사망 위기는 한글과컴퓨터사와 사용자 그리고 정부 모두에 총체적 책임이 있다. 해당업체의 방만한 기업 운영과 사용자의 소프트웨어 불법 복제, 실효성 없는 정부의 벤처기업 육성정책이 그것이다.

소프트웨어 불법 복제 관행은 '흔글' 뿐만 아니라 걸음마 단계에 불과했던 국산 소프트웨어 산업의 앞날을 흐렸다. 우리나라의 불법복제는 많이 줄어들긴 했지만 미국이나 일본에 비해 여전히 비중이 높다. 불법복제 관행은 정부단체나 공공기관도 예외는 아니다. 지적(知的)재산권이 보호되는 가운데 우리의 소프트웨어 산업은 세계적 경쟁력을 갖게 될 것은 분명하다.

'흔글'은 죽었다 다시 살아났기 때문에 그 목숨은 길 것으로 판단한다. 이 글도 '흔글'이 존재하기에 편리하게 작성할 수 있다. '흔글'

문서 작성 속도가 영어나 중국어, 일본어보다 훨씬 빠르다는 것은 모두가 다 아는 사실이다. 이는 우리나라가 세계의 반도체나 핸드폰 시장을 점령하는 계기를 만들었다고 해도 과언이 아니다.

자유 시장 경제가 판을 치고 있는 세계화 시대에 한 나라의 문화를 지킨다는 것은 여간 힘든 일이 아니다. 이러한 시대적 상황 속에서도 우리 문화의 높은 가치를 우리 힘으로 지켜냈다는 사실은 미래의 좋은 본보기가 될 수 있겠다.

배우는 법 배우기

우리 사회에서 가장 늦게 변화한다는 비판을 받던 교육계가 '이렇게 빠르게 변해도 될까'라는 의구심이 들 정도로 발 빠른 변화를 모색한다. 이러한 변화는 밑에서나 위에서부터라는 한 방향 중심이 아니라 양방향으로 이루어진다는 것이 큰 특징이다. 다양한 변화 중에서도 교사 가르침 중심의 교수·학습이 학생 배움 중심으로 이동하고 있다는 사실이 가장 돋보인다.

배움중심수업은 지식을 어떻게 구성하고 탐구해 나갈 것인가에 핵심이 있다. 지식은 고정되어 있는 것이 아니라 끊임없이 재창조되며 학생과 학생, 학생과 교사 간의 소통과 협력을 통해 창조와 형성이 일어나는 과정이 진정한 배움이 된다. 이에 교사는 교실의 주도권을 학생들에게 물려주고 한 걸음 뒤로 물러나 있다. 즉, '신뢰하기, 경청하기, 격려하기, 개발하기, 도전 장려하기, 존중하기, 참여하기, 지원하기'에 중점을 두는 것이다.

심리학자 시어도어 다이먼은 자신의 저서 『배우는 법을 배우기』

에서 배우는 법을 제시하였다. 그는 인간은 누구나 배울 수 있는 능력이 있지만 제대로 배우지 못한다면 그것은 학생보다도 교육 방식에 문제가 있다고 지적한다. 배운다는 것은 기계적인 반복이 아니라 자신의 행위에 대한 자각과 제어력을 계발하는 과정이며 배움의 과정에 자신의 통찰과 이해, 지성을 적용시키는 것이다.

먼저, 진정한 배움에 이르기 위해서는 실패와 성공이라는 판단과 평가에서 자유로워야 한다고 말한다. 지나친 성공에 대한 집착과 실패에 대한 두려움은 배움에 도움이 되지 않는다. 배운다는 것은 무언가를 잘 해내는 것이라기보다는 배움의 요소들을 의식적으로 터득해가는 과정이다. 우리가 배움에 접근할 때 성공이나 실패에 많은 비중을 두기보다는 초연한 자세로 내적인 강인함을 길러야 한다. 다음으로, 교사는 뭔가를 잘하는 사람이 아니라 배우는 사람이 잘 배울 수 있게 가르치는 사람으로 본다. 무엇인가를 쉽게 익힌 사람은 보통 사람들이 왜 어려움을 겪는지를 잘 알지 못한다. 훌륭한 교사는 학생이 앞으로 나아가지 못할 때, 무엇 때문에 어려워하는지를 꿰뚫어 볼 수 있는 통찰력이 있어야 한다. 이를 위해 불안해하지 않은 학습 환경 만들기, 어려운 과제를 단계별로 나눠서 접근하기, 멈춤의 기술 등 실제적 교수법이 필요하다. 끝으로, 모든 배움은 궁극적으로 자기 자신에 대해 배우는 과정으로 인식한다. 어떤 것을 익힐 때 다양한 실험을 통해 스스로 탐구하는 가운데 기술과 자신에 대해 제대로 이해할 수 있다. 지식이나 기술을 습득하는 과정에서 생각과 행위가 어떻게 연결되어 있는지, 무의식적이고 습관적인 행동에서 어떻게 자유로워질 수 있는지 스스로 깨달을 수 있어야 한다.

올바르게 배운다는 것은 자기 자신에 대해 알아가는 과정이다. 뭔가를 쉽게 해내는 것보다는 그것을 스스로 탐구하는 과정에서 자신에 대해 제대로 이해할 수 있다. 배운다는 것이 자신을 알아가는 과정이라면 배우는 법을 배운다는 것은 궁극적으로 우리가 올바르게 살아가고자 하는 능력을 기르는 일인 것이다.

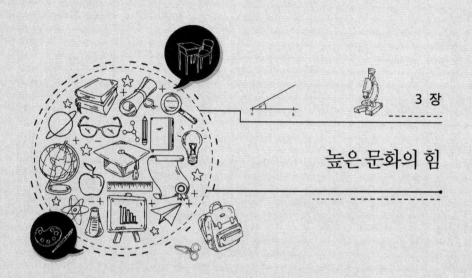

3 장

높은 문화의 힘

높은 문화의 힘

 우리나라 '문화·예술교육' 개념은 2005년 문화·예술지원법이 통과되면서 도입됐다. 아울러 2010년 유네스코 서울 선언으로 문화·예술교육의 중요성을 더욱 확산시켰다. 여기서는 깊이 있는 예술교육, 예술교육 활동 및 프로그램의 질 높은 수준 유지, 예술교육의 원리와 실천을 통한 사회·문화적 도전과제 해결 등의 과제를 해결하고자 했다. 한국문화·예술진흥원은 2007년부터 학교문화·예술교육에 관심을 가져 현재는 가시적인 성과를 내고 있다. 이러한 교육을 통해 학생들에게는 창의력을, 예술인에게는 새로운 사회활동의 기회를 제공하고자 한다. 박우양 연구사는 교육부의 대표적 예술사업으로 학생오케스트라, 학생뮤지컬, 예술중점학교, 예술선도학교 사업 등을 꼽는다. 이러한 사업을 통해 문화·예술 인프라가 부족한 지역의 학생에게 기회를 제공해 예술적 능력과 인성을 함양시키고자 한다. 예술사업으로 학생에게 예술적 동기부여와 창의성 증진, 진로 설정에 도움을 주고, 예술에 대한 올바른 가치관 정립을 기대하고 있다. 그것은 문화·예술 영역이 융합되는 시대적 현상을 직시하고 융합형 예술교육 프로그램 개발 및 체험 중심 활동, 토의 활동 등의 수업방법 개선을 통해 달성될 수 있을 것이다.

우리는 베네수엘라 '엘 시스테마(El Sistema)' 운동 설립자 호세 아브레우 박사에게서 많은 것을 배울 수 있다. 그는 빈민가 청소년에게 오케스트라 교육을 통해 건전한 시민을 양성하고자 한다. '연주하면서 싸운다'라는 슬로건을 걸고 음악교육은 나라 안에 휴머니즘이 넘치게 해 부조리한 사회현상과 싸우겠다는 정신을 무장할 수 있다고 믿는다. 오케스트라 교육을 받은 청소년은 학업은 물론 가족과 공동체의 변화 및 조화를 이루어낼 수 있다는 것이다. 우리 학교 현장의 문화·예술교육도 엘리트보다는 학교폭력을 비롯한 학교 부적응 학생을 중심으로 실시 돼야 한다. 그것이 학교 현장에 확산될 때 학생의 정서와 행동에 긍정적 변화가 일어난다는 것은 자명하다. 문화·예술교육은 학생의 우뇌 활동을 자극해 공격성을 줄여줄 뿐 아니라 균형 잡힌 사고와 통찰에 긍정적 영향을 준다. 지역 교육지원청 Wee센터 연극동아리 '위로(Wee撝)'는 학교폭력 예방 모범 사례로 주목받는다. 동아리 활동에 참여한 한 학생은 "평소 연기에 관심이 많았지만 어떻게 준비해야 하는지 몰라 막막했는데, 이번 연극동아리 활동을 통해 체계적인 기법들을 배우며 학교폭력 예방에 기여하게 돼 기쁘다"라는 소감을 밝혔다. 이들의 연극은 학생, 학부모, 교사 등에게 학교폭력 예방의 중요성을 다시 한번 일깨우는 계기를 마련한 셈이다.

일찍이 김구 선생은 오직 한없이 가지고 싶은 것은 '높은 문화의 힘'이라고 강조한 바 있다. 문화·예술교육을 통해 학생을 변화시키려는 노력은 결코 만만한 일이 아니다. 그것은 교육공동체 모두의 결집된 힘으로 해결할 시대적 과업인 것이다.

문학을 통한 치료

30년 전 일이다. 당시는 무림의 고수들(?)이 소위 말하는 폭력 서클을 결성하여 시내를 활보하며 세력을 과시하던 때였다. 급우들 사이에서 힘깨나 쓰던 김 군도 예외 없이 그들과 어울리며 등교하지 않는 날이 등교하는 날보다 많았다. 그는 끝내 가출을 하고 더 이상 학교에 모습을 드러내지 않았다. 그로부터 몇 년이 지나고 그에 대한 기억이 흐려질 무렵 의문의 편지 한 통을 받았다. 가장 악질적인 범죄자의 재범 방지를 위해 사회로부터 격리 수용한 뒤, 감호·교화한다는 보호 감호소에서 온 편지였다.

김 군은 학교를 떠난 후 돌이킬 수 없는 중대 범죄를 짓고 교도소를 거쳐 그곳까지 가게 된 것이다. 그의 편지에는 자신이 지은 죄에 대하여 진심으로 반성하고 새로운 사람이 되겠다는 결심이 가득 차 있었다. 그는 이후 형기를 다 채우기 전에 출소하였고 지금은 누구보다도 모범적인 삶을 살아가고 있다. 당시 그와 몇 통의 편지를 주고받으면서 중요한 사실을 발견할 수 있었다. 그것은 그를 변화시킨 것이 감호소의 교화 프로그램이 아니라 문학작품이었다는 사실이다.

이는 문학을 통한 치료 즉 '문학치료(Bibliotherapy)'의 전형을 보여주는 좋은 사례로 볼 수 있다. 문학치료는 '책, 문학(Biblion)'과 '도움이 되다, 의학적으로 돕다, 병을 고쳐주다(Therapeia)'라는 그리스어가 결합된 말이다. 고대 아리스토텔레스는 문학을 포함한 모든 예술이 인간의 정신적, 심리적 질환을 치료할 수 있는 정서를 불러일으킨다고 하였다. 당시 도서관을 '영혼을 치유하는 장소'라고 한 것으로 보아도 책이 교육과 치료의 힘을 동시에 갖고 있다는 사실을 인식하고 있던 것으로 보인다. 문학치료는 여러 가지 방법이 있으나 독서하는 방법과 글쓰기 활동을 통한 방법, 토론을 활용하는 방법 등이 널리 알려져 있다.

먼저, 문학작품의 독서를 통한 치료 방법은 교사와 치유 대상자인 학생의 대화로 진행된다. 교사는 쉽게 마음을 열지 못하는 학생에게 적합한 책을 선정해 주고 독서하도록 한다. 그리고 작품의 주제를 중심으로 학생의 느낌과 생각을 살펴 문제 해결을 돕는다. 학생은 독서 활동을 통해 간접 경험하게 됨으로써 인식의 수준을 높이고 통합 과정을 거쳐 올바른 자아를 발견하는 것이다.

다음으로, 글쓰기 활동을 통한 문학 치료 방법은 교사와 학생이 독후 활동인 일기나 편지 형식의 기록을 중심으로 생각과 느낌을 주고받으면서 진행된다. 학생은 독후 활동을 통해 자신의 마음속에서 일어나는 감정을 대리 표현한다. 이러한 표현 속에 학생의 생각과 느낌이 드러나며 교사는 이 부분에 개입하여 정서적 안정을 취하게 한다. 이 방법은 직접 대화 방식에 익숙하지 못한 학생이 자신의 감정과 생각을 부담 없이 표현할 수 있다는 장점이 있다.

끝으로, 토론을 활용한 문학치료 방법은 학생이 문학작품의 내용을 충분히 이해한 후에 진행되는 것이 바람직하다. 토론 모둠은 치유 대상자 학생이 자발적으로 구성하거나 교사가 의도적으로 구성한다. 토론을 활용한 문학치료는 읽기, 쓰기, 토론, 지도 단계의 과정으로 전개할 수 있다. 교사는 토론의 도우미 역할을 하며 최종적으로 격려와 조언을 하여야 한다.

이상과 같은 문학치료는 학생의 자발적 독서과정이 선행되어야 한다. 독서를 통하여 타인과 상호작용을 하고 효과적, 안정적 관계를 촉진할 수 있다. 삶의 일상적 문제를 해결하며 특수한 문제적 상황에 직면할 때도 유용한 정보를 제공 받는다. 아울러 학생들은 작품 주인공의 정서에 동화되고 자신의 내면적 카타르시스를 경험한다. 카타르시스야말로 문학치료의 핵심일 뿐만 아니라 학생의 내면적 갈등을 치유하는 근본적 요인으로 작용하는 것이다.

성범죄와 성담론

우리나라는 2000년대에 들어와서야 성범죄자에 대한 인식이 개선되기 시작하였다. 청소년 보호위원회는 관보, 정부청사 게시판 및 인터넷 홈페이지를 통해 성범죄자 신상을 공개한 것이다. 여기에는 공개대상자의 성명, 연령, 생년월일, 직업, 주소, 범죄사실의 요지 등을 기록하고 있다. 정부청사 게시판에는 공개일로부터 1개월, 청소년 보호위원회 홈페이지에는 6개월간 각각 게재한다. 신상공개제도는 청소년을 대상으로 하는 성범죄 즉 성매수, 강간, 강제추행, 매매춘 알선 등을 사전에 예방한다는 취지에서 도입한 제도이다.

오늘날 성범죄에 대한 엄중한 법적, 제도적 장치는 세계적 추세에 있다. 먼저, 미국의 메간법(Megan's Law) 제정의 예를 들 수 있다. 이 법은 1994년 뉴저지주에 사는 당시 7세 된 메간 컨터라는 어린이가 성인남성에게 성폭행 당하고 살해된 사건 후 제정되었다. 피의자는 성범죄로 두 번이나 형을 살았던 이웃사람이었으나 다른 사람은 이러한 사실을 알 리가 없었다. 이 사건을 계기로 어린이를 포함한 일반인을 성범죄자로부터 보호하기 위해 범죄자의 신상관련 정보를 공개하기로 결정하고, 1996년 연방법인 메간법을 제정한 것이다. 공개범위는 이름, 별명, 사진, 성별, 상처, 흉터, 문신 등의 신체적 특징, 성범죄 요지, 거주지 등이다. 특히 재범의 우려가 있는 성범죄자에게는 주택과 차량에 성범죄자라는 경고문을 붙이는 극단적인 방법까지 도입하고 있다.

다음으로, 프랑스의 경우 1997년 성범죄법(The sex offender art)을 제정하고 어린이에 대한 성범죄자는 거주지 이전 때 경찰에 신고하도록 하였다. 경찰은 해당지역 학교 등에 관련정보를 제공한다. 아울러 어린이 성범죄와 어린이 포르노범죄에 대한 데이터베이스를 구축하고 인터폴을 통해 외국경찰과 협조체제까지 갖추고 있다.

이러한 각 나라의 엄중한 법적, 제도적 장치는 어린이나 청소년을 대상으로 하는 성범죄가 세계적으로 심각하다는 사실을 증명하고 있는 것이다. 우리나라의 성범죄자 신상공개는 국민적 정서에 비추어 볼 때 여간 민감한 사안이 아니다. 반대론자가 주장하듯 한 가지 범죄에 대한 이중처벌이라는 의견과 연좌제 부활이라는 법적인 하자가 없진 않다. 하지만 피해자가 불안과 공포, 무기력감, 자책감, 정신분열 등의 후유증에 평생 시달린다는 사실을 상기해 보면 타당한 부분이 많다.

보수적 유교문화를 토대로 하는 우리나라의 성문화는 비정상적으로 은폐, 왜곡되어 있는 편이다. 이러한 분위기 속에 급속한 경제발전과 인터넷의 대중화는 성을 더욱 상품화시킨다. 상품화된 성은 우리 주변에서 유혹의 손길을 보낸다. 오늘날 성 매매자의 연령이 점점 낮아지고 있다는 사실에도 관심을 기울여야 한다. 인터넷을 통한 음란 채팅이나 유료 화상채팅 등은 청소년의 성매매를 더욱 부추기고 있다.

연구에 의하면 성범죄자 대다수는 권위적이며 여성 비하의식이 다른 사람들보다 강하고 왜곡된 성의식을 지니고 있다고 한다. 성범죄자에 대한 신상공개 등 정부차원의 대책도 나쁘진 않지만, 중요한 것은 예방에 더 많은 비중을 두어야 할 것이다. 우선 사회 문화적으로 성담론을 활성화시키는 것이 필요하다. 금기시 되는 우리의 성담론에 대한 깊은 성찰이 요구된다. 금기시 되고 억압된 성담론은 음지로 몸을 감출 수밖에 없다. 음지에 은폐된 성담론은 성의 왜곡을 조장시켜 성범죄를 부추기는 역할을 수행한다. 우리나라의 성범죄 발생률이 세계 3위라는 사실도 여기에 기인하는 부분이 없지 않다.

위에서 지적한 것처럼 우리는 음지에 몸을 숨기고 있는 성담론을 강 건너 불구경하듯 내버려둘 수는 없다. 성에 대한 호기심은 인간의 본능이므로 성담론은 더이상 수치스럽거나 비밀스러운 것이 아니라는 사회적 풍토가 절실하다. 성담론의 개방은 인간의 본질적 행복과 밀접한 연관성을 지닌다. 성담론을 통해 성의 가치는 끊임없이 탐구되어야 한다. 이러한 분위기가 사회 문화적으로 활성화될 때 성의 가치는 그만큼 높아질 것이고 성범죄 또한 줄어들 수밖에 없다.

밥 딜런의 노벨문학상 수상에 부쳐

2016년 노벨문학상은 미국의 음유시인으로 불리는 밥 딜런에게 돌아갔다. 스웨덴 왕립과학원 노벨상위원회는 "위대한 노래 전통 속에서 새로운 시적 표현을 창조해 낸 딜런에게 노벨문학상을 수여한다."라고 밝혔다. 상업성을 지향하는 대중 음악가가 노벨문학상을 수상하기는 115년의 역사상 처음이라는 점에서 경이로운 일이 아닐 수 없다.

딜런의 노벨문학상 수상에 대하여 지지자들은 사회 전반에 대하여 울림이 있는 가사로 대중음악의 지평을 넓혔다는 입장이다. 반면에 반대자들은 딜런이 세계 문학계에서 확실하게 인정을 받는 작가가 아니라는 이유로 그의 수상 자격을 문제 삼았다. 이러한 논쟁을 논외로 하더라도 이번 노벨문학상은 우리 문학계에 시사하는 바가 적지 않다.

우리문학에서 금과옥조로 여기는 본격문학과 대중문학의 경계가 해체되었다는 점이다. 본격문학이 아닌 대중성을 지닌 노래 가사를 시로 평가하고 있다는 점을 눈 여겨 보아야 한다. 특히 스웨덴 한림원에서는 "호메로스와 사포도 공연을 위한 시를 썼으며, 가장 좋은 노래는 사람들의 귀에 새롭게 울리는 노래"라며 딜런의 가사를 '귀를 위한 시(詩)'라고 표현했다. 그것은 문학의 경계 해체를 벗어나 예술의 경계가 허물어지는 시대적 현실을 제대로 반영하는 지적이라 할 만하다.

작가는 시대정신을 직시하고 그것을 작품으로 표현해야 한다는 점이다. 딜런의 가사가 인정을 받은 것은 무엇보다도 당대 시대정신을 제대로 반영하고 있기 때문이다. 그의 대표작이라 할 수 있는 '바람만이 아는 대답(Blowin' in the Wind)'의 가사에도 "얼마나 많은 포탄이 쏟아져야 무기는 금지되는가? 얼마나 많은 죽음이 있어야 너무 많이 죽었다는 것을 알 수 있나?"라며 반전, 반핵의 시대정신을 일깨운다. 이 노래는 베트남 전쟁을 은유하며 당시 우리나라 젊은이에게도 저항정신을 불러 일으켰다.

작가는 국민의 독서 역량 강화를 선도하는 작업에 사명감과 책무성을 가져야 한다는 점이다. 우리나라 국민 독서량이 OECD 국가 중 최하위를 면치 못하며 그나마 자기계발서 중심의 독서로 조사되었다. 작가는 이러한 독서 상황에 대한 반성과 대안 마련을 위한 부단한 노력을 게을리해서는 안 된다. 작품이 작가의 내면적 성찰에 매몰되거나 현실과 유리되는 경우를 탈피할 필요가 있다. 독서 생활화가 선언적 구호에 그칠 것이 아니라 그것이 삶과 밀착될 수 있도록 인프라 구축 방안을 모색해야 한다.

노벨문학상이 우리문학의 모든 것을 대변할 수는 없지만 우리문학이 나아가야 할 방향을 제시하고 있다는 것은 틀림이 없다. 김성

곤의 예견처럼 앞으로의 문학은 절대적인 진리를 회의하고 숨겨진 상대적 진리를 찾는 것이 바람직하다. 아울러 본격문학과 대중문학 및 예술의 경계를 해체하고 장르 소통을 토대로 새로운 예술을 창조해야 한다. 이러한 과정에서 문학은 중앙 중심에서 지역 중심으로 이동이 가능하며 가장 지역적인 것이 가장 세계적인 작품으로 발전할 수 있는 계기가 마련될 것이다.

인문학에서 비폭력을 배우며

이슬람국가(IS)의 파리 테러로 전 세계가 경악하고 있는 순간에도 비폭력을 실천하는 프랑스인이 있어 세인의 심금을 울리고 있다. 주인공은 이번 테러로 아내를 잃은 기자 앙투안 레리로 SNS에 IS의 공포에 절대 굴복하지 않겠다는 메시지를 남겼다.

그는 이 글에는 소중한 아내를 잃었지만 IS의 의도대로 겁에 질려 이웃과 조국을 불신하고, 안전을 위해 자유를 포기하진 않겠다고 밝혔다. 계속하여 그는 IS는 절대 가지 못할 천국에서 아내와 영원히 함께할 것이며, IS의 뜻대로 분노와 증오에 젖어 살기보단 어린 아들과 맛있는 밥을 먹고 매일 함께 시간을 보내는 일상의 행복을 지켜내겠다고 말했다.

앙투안 레리는 극악무도한 폭력과 테러에 대하여 가장 고결하면서 인간적인 품격을 제시하여 비폭력적 항거와 용서의 모습을 보여주었다. 이러한 실천적 행동은 지구촌의 모든 세인을 감동의 도가니로 몰아 IS에 대한 증오와 공포를 순식간에 녹여버리기에 충분하였다.

정부는 2015 개정교육과정을 통하여 초·중·고등학교 학생들에게 인문정신을 함양하고 인문소양을 갖춘 인간다운 인간을 육성하겠다고 발표했다. 인문학의 진흥은 사회상황이나 정신풍토에 새로운 바람을 불러일으킨다. 인문학은 '나는 누구인가? 나는 무엇을 위하여 살 것인가? 나는 어떻게 살 것인가?'에 대한 대안을 모색하는 계기를 제공해 준다. 그것은 공감지수를 키워 따뜻한 사람을 만들어 비폭력 정신을 함양하고 함께 살아가는 삶의 실천적 비전을 지시한 것이다.

각 교육청에서는 이러한 시대적 풍조에 부응하여 학생 인문 책쓰기 프로젝트를 통해 학교에서의 인문 가치 확산 및 새로운 문화를 창조하고 베풀 수 있는 창의·융합형 인재를 양성하고자 한다. 책 주제 선정 및 책쓰기 과정에서 학생 스스로 주제에 대한 사유와 이를 통한 자신의 꿈을 찾고, 그 꿈을 타인과 공유하도록 지원한다. 아울러 고전 읽기, 철학 탐구, 향토사 연구 등 다양한 인문 독서 프로그램을 개발하고 학생 개개인의 인문적 가치를 확립시키고 있다.

더구나 인문 교사동아리 운영 활성화를 통하여 소통하고 연구하는 학교문화를 조성하고 인문소양교육을 통해 따뜻한 성품을 지닌 인간을 육성하고자 고심하고 있다. 특히 체험 중심의 인문소양교육을 통하여 함께 성장하는 교육공동체를 형성하고 학생과 교사 및 학부모와 네트워크 구성의 필요성을 강조한다. 아울러 인성과 창의 및 진로와 연계한 인문소양교육 프로그램과 이를 통한 학교 특색 살리기 프로그램 및 학교와 교과별로 활용이 가능한 다양한 콘텐츠를 개발·보급하고자 노력하고 있다.

김구 선생은 오직 한없이 가지고 싶은 것은 '높은 문화의 힘'이라고 역설한 바 있다. 높은 문화의 힘은 인문소양교육에서 비롯된다. 그것을 통하여 따뜻한 감정과 사랑을 나누고 타인을 이해하고 소통함으로써 원만한 인간관계를 유지한다. 뿐만 아니라 인문소양교육으로 예술적 감수성과 창의력을 높이고 타인의 삶에 공감하는 역량을 키우게 된다.

따라서 인문학으로 감성과 공감 능력을 길러 타인과 평화로운 관계를 유지하며 서로 협력할 수 있는 토대를 마련할 수 있다. 아울러 인간의 내면을 바르고 건전하게 가꾸며 타인, 공동체, 자연과 더불어 사는 데 필요한 인간다운 성품을 기르게 된다. 인문학을 통하여 비폭력을 배우고 평화로운 관계를 만들어 부귀나 빈천과 상관없이 더불어 사는 세상을 만들 수 있는 것이다.

문명의 진보와 환경

　문명의 진보에 따라 동반되는 것이 환경 파괴이다. 구효서의 소설 『슬픈바다』는 죽은 도시가 공간적 배경으로 설정되어 있다. 짙은 회색빛 안개가 도시 전체를 뒤덮어 푸른 하늘을 볼 수 있는 날이 일 년에 하루 이틀에 불과하다. 도시가 산업화되는 과정에서 발생된 공해가 결국 도시를 황폐화시켰다. 이 도시는 항상 불안이 가득한 에른스트의 그림과 같은 이미지를 지니고 있다. 도시와 그림은 모두 어둡고 칙칙한 분위기를 함의하며 퇴폐적이고 환상적인 모습으로 묘사된다.

　이 작품은 작가의 상상력을 극대화시켜 독자에게 새로운 리얼리즘의 세계를 보여준다. 이를 환상적 리얼리즘이라 하여도 무방하다. 환상적 리얼리즘은 전통적 소설이 중시하는 '실제 일어날 것 같은 이야기'를 견고하게 서술하지 않고, 일어날 것 같지 않은 일을 아무렇지도 않게 서술한다. 아울러 우화적 세계가 코믹하게 과장되거나 유령이 인간의 모습으로 실제 인물 속에 존재하는 등 소설의 개연성을 무너뜨리고 인간의 상상력을 최대로 넓히려는 기법이다. 따라서 작품의 토대를 구축하는 환상적 리얼리즘은 환상보다 리얼리즘에 더 큰 비중을 두고 있다.

『슬픈바다』가 발언하는 공해문제는 우리와 상관없이 존재하는 환상이 아니라 리얼리즘이다. 바로 우리의 현실이거나 가까운 미래를 말한다. 환경파괴가 가져오는 미래사회의 어두운 면을 제시하여 반성적 경종을 울려준다. 야누스의 두 얼굴을 지닌 문명의 진보는 우리 인간을 편리하게 해 주는 반면에 인간성 상실이나 환경오염 등의 심각한 문제를 유발하기도 한다.

첨단과학 기술은 인간에게 신의 경지에 도달할 수 있는 능력을 부여했다. 이러한 상황은 후기 산업화시대에 이르러 가속이 붙었으며, 반면에 자연은 더욱 황폐화되기 시작했다. 지구상에서 매년 한반도 면적의 두 배 이상의 산림이 개발이라는 미명아래 훼손되고 있다. 산림은 인류의 허파이다. 산림이 사라진다는 것은 인간의 허파를 상실하는 것과 마찬가지다.

이산화탄소의 증가에 의한 엘니뇨현상으로 지구는 점점 온난화되고 남극의 얼음과 만년설은 녹아내리고 있다. 산성비가 내리고, 여러 나라에서 이상기온으로 인한 홍수로 수백 명이 목숨을 잃는 등 그 폐해가 심각하다.

지구의 모든 지역에 분포되어 살던 생물 중에서 공룡이나 매머드, 삼엽충의 멸종이 이상기후에 의한 것이라 추정한다면, 인간의 멸종 또한 멀지 않을 것으로 짐작된다. 중요한 것은 전자의 멸종은 자연에 의한 것이고 후자의 멸종은 인간에 의해 자행될 것이라는 사실이다.

다문화가정과 교육

우리나라는 전통적으로 다른 민족의 유입이 적고 국가 구성에 미치는 영향도 많지 않아 단일민족국가로 분류되었다. 그러나 점차 다민족국가로 전환되는 양상을 보인다. 2000년대 초에 건강시민연대는 '다문화가정 혹은 다문화가족'이라는 용어 사용을 제안하였다. 이는 기존의 '국제결혼가정이나 혼혈가정'이라는 용어보다는 순화된 듯한 느낌이지만 과도기적 용어로 보는 것이 바람직하다.

최근 우리나라에 다문화가정이 증가하는 배경을 몇 가지로 제시할 수 있다. 그것은 '독신 여성의 증가, 국제결혼을 하는 남성의 증가, 저임금 외국인 노동자 고용정책으로 외국인의 한국 이주 증가' 등으로 정리된다. 구체적으로 살펴보면 독신 여성이 증가함에 따라 결혼 적령기의 남녀 성비 불균형 현상이 나타나고 있다. 결혼 적령기 여성이 농산어촌 총각과의 결혼 기피로 이들이 다른 나라 여성과 결혼할 수밖에 없는 것도 이유가 되겠다. 외국인 노동자가 한국 여성과 결혼하여 새로운 가정을 이루는 경우도 없지 않다. 그리고 오늘날은 다양성의 시대로 국제결혼에 대한 부정적 시각이 약화되어 나타나는 현상도 이유로 제시할 수 있겠다.

　다문화가정이 증가하면서 2세 교육이 가장 시급하게 해결해야 할 사회적 문제로 대두되고 있다. 여성가족부는 '2015년 전국 다문화가족 실태 조사'를 발표하였다. 실태 조사에 의하면 다문화가정 학생의 고교 취학률은 89.9%(국민 전체 평균 93.5%)로 약간 낮게 나타났다. 하지만 대학 이상의 고등교육기관 취학률은 53.3%(국민 전체 평균 68.1%)로 크게 낮은 것으로 조사되었다. 다문화가정 자녀의 학업중단 사유로는 학교생활 및 문화가 달라서가 18.3%, 학교 공부가 어려워서가 18.0%로 나타났다. 학교생활에 적응하지 못하는 이유로는 친구들과 어울리지 못해서 64.7%로 가장 많았고 학교 공부에 흥미가 없어서는 45.2%로 조사되었다. 또한 결혼이민자나 귀화자의 85%가 한국생활 적응의 어려움을 호소하고 있다. 그것의 주된 원인은 언어문제가 34.0%, 외로움이 33.6%, 경제적 어려움이 33.3%, 자녀양육과 교육문제가 23.2%로 나타났다.

　이러한 통계를 종합해보면 다문화가정의 자녀가 우리사회에서 제대로 적응하지 못하는 현상을 발견할 수 있다. 이에 따라 정부는 다문화가정 자녀에게 한국어 교육 강화와 교육기관 설립 등의 다양한 대책을 세워야 할 것이다.

　유네스코는 총회에서 세계문화 다양성을 위한 선언문을 채택한 바 있다. 국가의 다양성은 윤리적 의무이며 다양성으로 인하여 인간의 존엄성은 불리한 대우를 받을 수 없다는 것이다. 공자는 '군자화이부동 소인동이불화(君子和而不同 小人同而不和)'이라 했다. '군자는 다양성을 인정하고 지배하려고 하지 않으며, 소인은 지배하려고 하며 공존하지 못한다.'라는 의미이다.

따라서 우리는 다양성을 새로운 시대정신으로 수용할 필요가 있다. 다양성을 인정하는 국가의 제도적 장치도 중요하지만 이보다는 국민이 다문화가정을 바라보는 인식의 변화가 더욱 시급하다. 우리는 단일민족국가라는 자부심을 버리고 다민족국가라는 시대적 현실을 엄연히 수용해야 한다. 미국의 오바마 전 대통령이 다문화가정 출신이듯이 우리나라 다문화가정에서 대통령이 나오지 말라는 법은 없다. 아름다운 무지개는 일곱 색깔이 만들어내고, 수십 개의 악기로 구성된 오케스트라는 아름다운 선율을 들려준다. 다문화가정의 2세가 제대로 된 교육을 받도록 우리 모두가 관심을 가져야 할 때이다.

밥 문화 운동을 제안하며

충북교육청은 2010년 전국 최초로 초·중학교 무상급식 제도를 시행하여 세간의 주목을 받았다. 하지만 다음 해 무상급식을 위한 예산 적용 범위와 분담 폭을 놓고 도와 갈등을 빚어 정책 시행 취지를 의심케 하였다. 그렇지만 우여곡절 끝에 합의를 이루어 무상급식을 차질 없이 추진할 수 있게 되었다.

우리나라 학교급식은 1981년 '학교급식법'과 '학교급식시행령'이 제정되면서 출발하였다. 이후 1993년부터 초등학교 급식이 점차 확대되었으며 1998년에는 모든 초등학교에서 전면적으로(중등은 부분적으로) 급식을 실시하게 된 것이다.

학교급식은 성장기 학생에게 필요한 영양을 균형 있게 공급하여 심신의 건전한 발달을 도모하고, 편식교정 등 올바른 식습관을 형성하는 데 그 목적이 있다. 학교급식을 통하여 학생의 협동심과 질서의식 및 봉사정신 등 공동체의식을 함양하고자 한다. 이러한 과정을 통하여 건강하고 건전한 민주시민 육성뿐만 아니라 국민 식생활 개선과 국가 식량정책에 기여할 수 있다는 것이다.

이러한 학교급식의 기본 취지와는 달리 학생들의 급식문화는 하루가 다르게 바뀌고 있다. 이 글에서는 무상급식의 장단점을 논의하자는 것은 아니다. 하지만 무상급식으로 학생들의 밥문화가 자기중심적으로 변하고 있는 것은 확연하다. 그것은 새치기, 과식, 편식, 결식, 잔반, 괴성, 빼앗아 먹기, 수저와 식판 던지기, 과도한 먼지 유발, 음식 흘리기 등 일일이 나열할 수 없다. 식욕 충족에 대한 즐거움을 알지 못하는 것은 아니나 타인의 불편을 수반하는 것은 진정한 즐거움이 될 수 없다.

언젠가 한 지인과 학교급식과 밥문화운동에 대한 이야기를 나눈 적이 있다. 그에 의하면 밥문화운동은 한 그릇의 밥에 하늘과 땅과 사람이 함께 있다고 보아 고마움과 감사한 마음을 표현하는 것이다. 그것은 다음과 같은 과정을 통하여 학교 현장에 안착시킬 수 있다.

첫째, 밥 먹는 시간 전에는 바른 자세로 차례를 기다려야 한다. 둘째, 쌀 한 톨의 흘림도 없이 적당한 양을 담아야 한다. 셋째, 자리에 앉아 숨을 고른 후 밥그릇의 인연을 소중히 맞이해야 한다. 넷째, 밥이 온 과정을 생각하며 고맙게 먹는다. 다섯째, 밥은 죽어서 하나의 생명으로 다시 사는 것이므로 깨끗이 비워야 한다. 여섯째, 밥을 다 먹었으면 나 자신도 밥이 되겠다는 마음을 갖는다. 일곱째, 밥그릇도 밥인 줄 알고 소중히 여겨서 가만히 내려놓아야 한다. 여덟째, 다 마신 물 잔은 가지런히 놓음으로 밥의 마침을 조심스럽게 해야 한다. 아홉째, 밥 먹은 후에 생명과 사람들에게 나눔의 말씀으로 인사를 한다.

우리 조상은 밥상머리교육으로 기본적인 인성교육은 가정에서 책임지고자 했다. 이러한 교육을 통하여 가정의 기능과 역할을 되살리고 가족 간의 사랑과 인성을 함양하는 최소한의 시간을 확보하였다. 그러나 산업화시대가 되면서 핵가족과 부모의 맞벌이로 말미암아 밥상머리교육은 가정에서 학교로 옮겨왔다고 해도 과언이 아니다. 그렇기 때문에 각급 학교에서는 밥문화운동을 실천하여 밥상머리교육의 빈자리를 채워야 할 이유가 충분한 것이다.

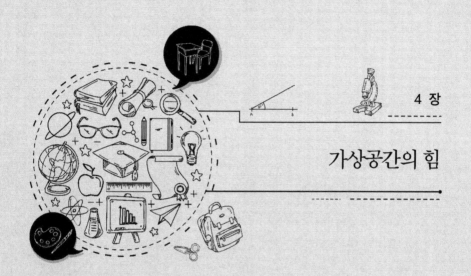

4 장

가상공간의 힘

가상공간의 힘

2002년 말경에 서울 시청 앞을 비롯하여 전국 60개 지역과 미국, 독일 등 12개국 16개 국외에서 30여만 명의 군중들이 집회를 한 적이 있다. 미군 장갑차에 압사한 여중생들을 추모하며 그 처리과 정에 대하여 촛불 시위를 벌인 것이다. 촛불 시위는 현실공간에서 일시적이고 끝나지 않고 가상공간의 여러 사이트와 카페에서 조직 적으로 확산되었다.

인터넷 〈시민의 신문〉 사이트에는 사이버 분향소까지 만들어 네티즌들과 함께 여중생을 추모하며 한·미 주둔군지위협정(소파) 개 정을 촉구하였다. 여기에 네티즌의 관심도 높아 조문자 수가 몇 십 만 명이 넘었다. 이들은 죽은 사람은 있는데 죽인 사람이 없다는 불공정한 재판에 대한 항의를 한 것이다. 집회를 성공리에 마친 이 들은 12월말 '100만 범국민 행동의 날'로 정하고 100개 지역으로 확 대하였다.

우리는 일련의 과정을 지켜보면서 간과할 수 없는 부분이 있음을 확인할 수 있다. 위와 같은 항의가 시민단체나 사건대책위원회에 의해서 촉발된 것이 아니다. 그것은 놀랍게도 한 무명의 네티즌에 의해서 비롯되었다. 한 네티즌이 가상공간에 뿌린 조그마한 종자가 삽시간에 들불처럼 가상공간의 사이트 이곳저곳으로 번져나갔다. 무형질에 불과한 가상공간의 힘이 현실공간으로까지 전이되어 모두의 마음을 움직이게 한 것이다.

1989년 발발한 중국 천안문 사태나 1992년 미국이 자행한 걸프전도 이러한 사례에 해당한다. 천안문 사태 당시 중국 언론은 완전히 차단되었지만 중국 학생은 비인간적인 상황을 인터넷에 올려 전세계 네티즌에게 알렸다. 중국의 기존 언론이 엄두도 낼 수 없었던 일을 인터넷 매체가 대신한 것이다. 걸프전에서도 전 세계 사람은 텔레비전을 통하여 미국 중심의 보도를 접할 수밖에 없었다. 이러한 보도가 왜곡되었다는 사실은 인터넷을 통해서 알게 되었다. 당시 이라크 민간시설의 폭파나 민간인 피해 상황은 인터넷이 아니었다면 묻힐 수밖에 없었던 사건이다.

이처럼 인터넷은 기존매체의 한계를 극복하고 있다. 언론의 억압에서 벗어나 존재하며 마이너리티의 권한을 수호한다. 기존언론에서 하잘것없는 것으로 치부해버리던 소시민의 목소리까지 대변하고 있다. 이러한 현상을 전자민주주의(Electron democracy)로 명명할 만하다. 오늘의 전자민주주의는 직접민주주의의 형식적 방법에 기인하고 있다. 다만 가상공간으로 명명되는 새로운 공간을 통해 개인의 의사를 표현한다는 차이가 존재할 뿐이다. 새로운 토론 광장으로서의 가상공간은 전자민주주의를 통해 기존의 대의적 민주주의 한계를 극복하고 있는 셈이다.

하지만 가상공간의 익명성을 악용하여 타인을 비방하거나 유언비어를 퍼트려서는 안 된다. 진정한 전자민주주의의 도래를 위해서는 네티즌의 책임의식이 절실하다. 이러한 의식이 결핍될 때 전자민주주의는 전자감시 체제로 전환될 수 있다. 그렇기 때문에 우리는 언제라도 전자감시 체제에 의하여 새로운 억압과 소외를 당할 수 있다는 사실을 명심할 필요가 있는 것이다.

N세대와 새로운 정체성

　N세대(Net Generation)란 인터넷 세대를 말하는 것으로 돈 탭스콧의 저서 『N세대의 무서운 아이들』에서 처음 언급되었다. 그가 말하는 N세대는 디지털시대에 자라나는 아이들 즉, 4~20세 전후를 말한다. 이들은 오늘날 인터넷으로 대표되는 가상공간의 주역으로 성장하고 있다. 디지털과 네트워킹 기술의 영향력 아래 성장하면서 물리적 시공간의 개념을 무의미하게 만들어 버리는 새로운 차원의 시공간의 개념을 인식하고 있는 것이다.

　텔레비전이 그 이전 세대의 중심에 있었다면 컴퓨터와 인터넷은 N세대의 필수적인 매체라 할 수 있다. 그만큼 N세대와 컴퓨터와 인터넷은 불가분의 관계에 있다고 하겠다. 이들에게 컴퓨터와 인터넷은 삶의 필수요소라 할 수 있다. N세대는 기존의 '신세대나 X세대'와는 달리 컴퓨터와 인터넷과 함께 생각하고 생활하며 길들여져 왔기 때문이다.

　새롭게 등장한 N세대는 그들만의 문화적, 정신적 특징을 지닌다. 먼저, 이들은 단순한 수동적 이용자에 머물지 않고 자신의 의견을 적극적으로 피력한다. 이러한 현상은 인터넷의 양방적 성격과 무관하지 않다. 인터넷에서 그들이 직접 참여할 수 있는 공간이 부지기수로 확산되기에 사회참여나 사회비판 능력을 기를 수 있는 것이다.

다음으로, 개성적 성격이 다분하다는 점이다. 이들은 현실공간의 맞춤법이나 언어체계에서 어느 정도 벗어나 있다. 이러한 현상은 인터넷 게시판이나 채팅공간에서 확연하게 드러난다. 게시판을 살펴보면 한글맞춤법이 이들을 속박하지 못한다는 사실을 쉽게 목격할 수 있다. 대부분 소리 나는 대로 쓰고 있을 뿐만 아니라 언어의 새로운 경제성의 원칙을 만들어내고 있는 것처럼 보인다. 또한 채팅공간에서는 그림문자(이모티콘, 스마일리) 중심의 대화가 주종을 이루고 있어 이제는 그림문자 사전까지 등장해야 할 판이다.

끝으로, 이들은 즉시성과 익명성을 즐기고 있다. 즉시성으로 인내심이 사라지고 모든 것을 순간적으로 즐기려는 단점을 지닌다. 하루에도 몇 번씩 전자 우편을 열어보아야 직성이 풀리고 '내일'이라는 단어가 점점 생소하게 들린다. 뿐만 아니라 가상공간의 익명성 때문에 발생되는 범죄가 사회적 문제로 대두되고 있다. 반면에 익명성 때문에 솔직하게 자신의 의견을 개진할 수 있다는 주장도 없지 않다. 현실공간이든 가상공간이든 문제점을 가지고 있다는 것은 다르지 않다. 다만 사용자들이 이러한 한계를 어떻게 극복할 것인가가 중요할 따름이다.

일부 학자들은 컴퓨터와 인터넷을 중심으로 생활하고 있는 N세대의 컴퓨터 중독증이나 극단적 개인주의를 염려하기도 한다. 반면에 컴퓨터와 인터넷이 사회성과 공동체문화를 함양하여 공동체문화, 나눔의 문화, 대항문화를 조성하고 있다는 상반된 주장도 없지 않다.

이상에서 기존세대와 변별되는 N세대의 문화적, 정신적 특징을 몇 가지 살펴보았다. 주지하듯 이들은 간섭을 싫어하는 강한 독립심을 지니고 있다. 수동적으로 받아들이기만 하던 기존세대와는 달리 인터넷 바다를 항해하여 스스로 정보를 탐색하면서 적극성을 길렀다고 하겠다. 이처럼 정보의 홍수에 빠져 허덕이지 않고 자신에게 유용한 정보를 선택할 수 있는 판단력을 갖추고 있다는 사실은 중요하다. 더구나 이들은 인터넷과 상호작용하면서 고립되지 않고 상대방을 이해하는 포용력까지 갖췄다. 결국 N세대는 인터넷에서 간과할 수 없는 양방향이라는 특징적 요소를 적극 수용하여 자기소외의 상태에서 벗어나 개성과 인격 그리고 새로운 정체성을 만들고 있는 것이다.

보보스

보보스(Bobos)는 데이비드 브룩스가 그의 저서에서 처음으로 언급한 말로 디지털시대의 새로운 엘리트 계층을 일컫는다. 이 말은 부르주아(Bourgeois)와 보헤미안(Bohemians)의 합성어에서 나왔다. 두 단어의 머리글자를 합성하여 고전적 의미의 부르주아와 보헤미안의 개념을 통합했다고 하겠다. 부르주아의 야망과 성공에 대한 집착적 특성과 보헤미안의 방랑, 저항, 창조성을 추구하는 특성을 포괄하고 있는 개념인 것이다.

브룩스도 언급했듯이 부르주아는 진지하고 현실적인 사람을 말한다. 그들은 대기업에서 일하고 교외에서 생활하며 전통과 도덕을 옹호하는 편이다. 반면에 보헤미안은 오히려 전통을 비웃는 자유주의자라 할 수 있다. 주로 예술가와 지식인으로서 히피족과 비트족 성격을 지닌다. 그리하여 부르주아가 1980년대의 기업 중심적 여피라면 보헤미안은 진보적인 1960년대의 가치를 옹호하는 사람이다.

이러한 두 가지의 특성을 지닌 보보스는 부자이지만 과욕을 부리지 않고, 윗사람의 기대를 충족시키면서도 비위를 맞추지는 않는다. 사회적으로 성공하였지만 자신보다 못한 사람을 경멸하거나 사회적 평등의 질서를 파괴하지는 않는다. 이들은 삶의 풍요로움을 누리지만 과도한 소비를 피하며 권위나 가식에서도 벗어나 있다. 무엇보다도 실력과 창의성을 우선적으로 추구한다. 마이크로소프트 회장인 빌 게이츠처럼 공식석상에 청바지 차림으로 참석하여 하고 싶은 이야기를 부담 없이 하는 사람들이다. 돈과 성취감을 동시에 고려하여 직장을 선택하며, 대립보다는 조화를 먼저 생각한다. 이들은 '섬세한, 점잖은, 존경스런, 단정한, 풍족한, 호사스런, 우아한, 화려한, 넉넉한, 호화로운, 웅장한, 장엄한' 등과 같은 단어를 경멸한다. 대신에 '진정한, 순수한, 자연적인, 따뜻한, 고풍스러운, 정직한, 단순한, 유기적인, 편안한, 장인적인, 독특한, 진실한, 신실한' 등과 같은 단어를 좋아한다.

보보스는 1960년대 저항문화의 토대에서 성장하여 풍요의 시대에 사회로 진출하였다. 이들은 인터넷을 중심으로 새로운 사업과 성취의 기회를 꿈꾸고 있다. 기존 미국 사회의 상류계급을 특징짓는 4가지 요소인 '출신 대학, 대학원 학위, 사회 경력, 부모의 직업'에도 연연하지 않는다. 이러한 기득권 속에서 안주하기보다는 오히려 당당히 실력으로 인정받고자 한다.

보보스는 디지털시대가 요구하는 혁신자이자 전위부대이며 상징 권력을 장악한 새로운 엘리트이다. 하지만 이들은 권력을 잡자마자 거부해 버리는 파르티잔이며, 돈을 버는 즉시 버리고 마는 신교도적 탐험가에 비유되기도 한다. 이들에게 일은 근로 행위가 아니라 일종의 예술가적 작업이다. 단지 이들은 일을 통하여 자신을 표현하고자 욕망한다. 이들에게 시장과 조직은 피드백 메커니즘과 상호작용, 그리고 변화로 가득 찬 유기체와 다르지 않다. 그 조직 속에서 일을 하면서 조직의 가치 못지않게 자신의 가치를 존중한다.

그렇기 때문에 보보스는 디지털시대를 선도하는 새로운 엘리트로 인식되고 있다. 그들이 영혼의 순수함을 버리지 않는 한 디지털시대의 미래는 결코 어둡지 만은 않다. 우리 또한 이들의 존재에 대해 민감하게 반응하고 끈기 있게 관찰할 필요가 있다. 그러할 때 디지털시대의 새로운 문화와 가치관은 올곧은 향기를 피어 올리게 될 것이다.

사이버 왕따

이번 설 명절만큼 심적으로 팍팍한 적도 없다. 세계적 불황 속에 짧은 연휴에 쌀쌀한 날씨마저 한몫을 했다. 이러한 난관도 부모님과 일가친척, 친구들을 만날 수 있다는 기대감을 꺾기는 어려웠다. 오랜만에 조카들을 본다는 기쁨은 몰라보게 자란 그들의 키만큼이나 컸지만, 그들이 삼촌을 대하는 태도는 예상을 벗어났다. 10여 명이나 되는 조카들은 삼촌에 대한 관심보다는 하나같이 SNS에 몰입하고 있었다. 오랜만에 만난 사촌들과 장난을 치며 뛰어놀던 모습은 아득한 옛이야기이다. 간혹 짧은 음악소리만 들릴 뿐 절간 같은 정적 속에 엄지만 쉼 없이 움직인다.

이들이 몰입하고 있는 카톡 가입자 수는 이미 수천만 명을 넘었다. 카톡을 대신했던 문자메시지는 한 건당 20원가량 사용료를 부담했다. 하지만 SNS는 무료로 사용할 수 있을 뿐만 아니라 다양한 아이콘이나 동영상 파일 전송 기능까지 탑재하여 학생들을 유혹한다. 학생들이 카톡에 깊이 빠지는 것보다도 그것이 친구를 왕따시키는 수단으로 악용되는 있다는 것이 더 큰 문제이다.

SNS에서 벌어지는 왕따는 포괄적으로 사이버 왕따(Cyber bully-ing)에 포함시킬 수 있다. 사이버 왕따는 친구들로부터 따돌림을 받는 친구의 미니 홈피나 카톡 등을 통해 욕설이나 험담 등을 하며 가상공간에서 괴롭히는 것이다. 다시 말하면 한 학생에게 무차별적으로 악성 댓글을 달거나 단체 채팅방에서 욕을 하거나 무시하고, 고의적으로 친구 맺기를 거부하거나 방해하는 등의 행위를 말한다.

사이버 왕따는 물리적 공간에서 벌어지는 왕따와는 또 다른 형태를 지닌다. 학교에서 발생하는 왕따는 학생이 귀가함으로써 일시적으로 종결된다. 그러나 사이버 왕따는 시공간을 가리지 않고 24시간 이루어지기 때문에 피해학생의 고통도 그만큼 심각하다. 이러한 상황을 견디지 못한 학생이 자살을 선택하였다는 보도도 있다.

최근 교육부에서는 학교폭력 가이드북을 발간했지만 사이버 왕따 유형에 대해서만 언급하였을 뿐 구체적 대안을 제시하지 못한다.

우선, 학생들에게 사이버 예절 교육을 제대로 시켜야 한다. 철저한 사이버 예절 교육으로 사이버 왕따도 엄연히 범죄 행위라는 인식을 심어 주어야 하겠다. 다음으로, 피해학생이 곧바로 신고하고 도움을 요청할 수 있는 사이버 왕따 전용 전화선을 구축해야 한다. 이 전화로 피해학생을 신속하고 효과적으로 구제할 할 수 있어야 할 것이다. 그리고, 사이버 왕따 학부모 감시단을 조직하여 민간의 자율적 동참을 유도한다. 민간단체의 활동을 통하여 사이버 왕따를 사회적으로 공론화시킬 필요가 있다. 마지막으로, 교육부에서는 사이버 왕따에 대한 피해학생 현황을 지속적으로 파악해야 한다. 이러한 과정에서 피해규모와 확산 속도를 관찰하고 다양한 대안 마련이 요청된다.

사이버 왕따에서 가장 중요한 것은 지속적 예방 교육을 하는 것에 있다. 아울러 교사는 사이버 왕따 유형과 대안 및 관련된 법적인 지식을 숙지하여야 하며, 사이버 왕따를 금지하는 구체적 학교 조례를 신속히 제정하여야 할 것이다.

사이버대학의 역할

앨빈 토플러는 1981년에 발간된 그의 저서 『제3의 물결』에서 기존 교육체제의 붕괴를 예측하였다. 그 대안으로 사이버대학을 들면서 이에 적응하지 못하는 개인과 국가, 단체는 앞으로 생존이 불가능할 것으로 예언한 바 있다.

기실 가상공간에 존재하는 사이버대학이 이제 더는 우리에게 생소한 용어는 아니다. 사이버대학은 언제 어디서나 첨단 인터넷 원격 강의로 진행되어 쌍방향 학습이 가능하다. 아울러 동영상과 플래시 애니메이션, 그래픽 등을 통한 입체적 강의가 진행된다. 인터넷 커뮤니티를 통한 토론식 강의 등 기존의 교육과 차별되는 교육 방법을 과감하게 도입하고 있다.

학습자 중심의 콘텐츠 교재를 사용할 뿐만 아니라 기존 4년제 대학과 마찬가지로 편입, 유학, 대학원 진학이 가능하다. 그리고 타 대학에서 수강한 학점을 인정받거나 성적이 우수한 학생은 조기졸업을 할 수도 있다. 기존의 통학비나 하숙비 등의 부담이 없고 기존 4년제 대학보다 싼 등록금으로 학사학위를 취득할 수 있다는 것도 장점이다.

특히 컴퓨터 단말기와 화상회의 시스템을 이용, 교수와 학생의 일대일 교육이 가능하며 전자우편을 통해 과제를 제출할 수 있으므로 시공간의 제약을 받지 않는다. 컴퓨터와 인터넷 그리고 배움에 대한 열정만 있으면 언제 어디서나 공부할 수 있다. 때문에 현대인의 끊임없는 자기개발 욕구를 충족시킬 수 있으며 직장인에게 재충전의 기회를 제공하고 있는 것이다. 세계적으로 우리나라 재교육율은 매우 저조한 것으로 조사된 바 있다. 최근 통계에 의하면 프랑스 40%, 미국 34%, 일본 13% 순인데 비해 우리나라는 겨우 5.4% 수준이다.

세계 최고를 자랑하는 우리나라 초고속 통신망은 사이버교육의 기반시설을 이미 갖추어 놓은 것이나 다름없다. 하지만 다양한 형태의 교육과정을 끊임없이 개발하고 학생이 흥미를 느낄 수 있는 새로운 편성 기법을 도입해야 한다는 과제를 안고 있다. 특히 막대한 비용이 드는 강의 콘텐츠는 솔루션 표준화 작업을 통해 여러 대학이 공동으로 투자·개발·교환하는 것이 좋다.

우리나라 새로운 교육 패러다임으로서의 사이버대학은 이제 걸음마 단계에 불과하다. 그렇지만 재학생 중도 탈락률이 30%를 상회하는 등의 문제점이 발견된다. 예결산 검토에서도 등록금 의존율이 85% 이상이거나 법인 전입금이 전혀 없는 대학이 50% 이상이나 되는 것으로 나타났다. 기존 교육체제의 대안으로 만든 사이버대학이 가뜩이나 혼란스런 우리의 교육현실에 새로운 문젯거리가 되어서는 안 된다. 설립이나 운영기준을 대폭 강화하여 사이버공

간이 새로운 대안교육을 실천하는 평생교육의 장이 될 수 있도록
관심을 가져야 한다.

가상공간의 예술과 외설

　학교에서 미술을 가르치는 김인규 교사의 홈페이지가 조회수 수십만에 육박하면서 관심의 대상이 된 적이 있다. 그는 자신과 임신한 아내의 나체 흑백사진을 홈페이지에 탑재하여 주목을 받았다. 검찰은 학부모들이 이 사진의 음란성을 문제 삼자 김 교사를 긴급구속하고 영장을 청구하였다. 이로 말미암아 김 교사는 직위해제 통보를 받고 문제의 사진은 자의반 타의반으로 삭제되었다.

　김 교사가 직위 해제된 이유는 사회적 무리를 야기하였으며, 청소년의성보호법에관한법률, 전기통신기본법 등을 어겼기 때문이다. 특히 국가공무원법을 위반했으며 학부모 및 학생뿐만 아니라 사회적으로 문제를 유발하여 학생으로부터 격리시키려 하였다.

　하지만 이러한 복잡한 범법(?) 사실보다는 문제의 핵심은 해당 작품의 '음란성' 유무에 있음을 알 수 있다. 작품에 대한 음란성 시비는 동서양을 막론하고 해묵은 논쟁거리에 속한다. 서양의 문학작품인 셰익스피어의 『로미오와 줄리엣』, 입센의 『인형의 집』, 로렌스의 『채털리 부인의 사랑』, 플로베르의 『보바리 부인』, 나보코프의 『롤리타』 등의 작품도 외설논쟁에 휩싸였다가 나중에 작품성을 인정받은 경우이다.

우리나라 문학작품 중에서 외설논쟁을 살펴보면 1954년 정비석의 『자유부인』으로부터 시작되었다고 할 수 있다. 이후 염재만의 『반노』를 비롯하여 마광수의 『즐거운 사라』, 장정일의 『내게 거짓말을 해봐』 등의 작품이 여기에 해당한다. 만화 중에는 이현세의 『천국의 신화』가 1심에서 유죄 판결을 받았으나 항소한 결과 항소심 선고 공판에서 무죄 판결과 더불어 법원이 승인하는(?) 예술성을 인정받았다.

이러한 일련의 외설논쟁은 벌금을 내거나 무죄로 판결이 난 경우가 대부분이다. 오히려 외설논쟁을 유발한 작품은 공통적으로 대중매체의 주목을 받았다. 대중매체의 선정적이고 상업적인 보도 덕분에 독자의 주목을 받아 베스트셀러가 된 경우가 적지 않다. 이번에 문제의 사진이 탑재된 김 교사의 인터넷 홈페이지도 예외는 아니다. 하루에 몇 명만이 찾던 홈페이지가 대중매체의 호들갑으로 말미암아 불과 몇 달 만에 조회수 몇 십만을 기록한 것이다. 여기에 대해서 대중매체, 법의 잣대, 가상공간 등과 관련시켜 예술과 외설 논쟁을 살펴보고자 한다.

대중매체 특히 신문이나 텔레비전의 선정적 상업성은 문제의 사진을 예술작품에서 음란물로 전락시키는 데 일조하였다. 매체의 특성상 사물의 본질을 그대로 표현하기란 쉽지 않은 것이 사실이다. 사진의 경우는 더더욱 그러하며, 사진의 이미지는 보는 사람에 따라 평가가 천차만별로 나타난다. 특히 신문이나 텔레비전 화면에 모자이크로 처리된 나체 사진을 싣거나 방영하는 경우 시청자의 관음증을 더욱 자극한다. 결국 사물의 본질을 왜곡시키고 시청자에게 음란물임을 부지불식간에 주지시킨다. 이로 말미암아 시청자는 스스로의 판단을 뒤로하고 모자이크 처리 된 나체 화면에 몰입하여 자신도 모르는 사이에 '나체=음란물'임을 강요받는다.

예술작품을 법의 잣대로 재어서는 안 된다는 것이다. 예술작품과 법은 서로 무관한 것 같지만 우리나라에서 예술과 외설 논쟁은 논쟁으로 끝날 뿐 법에 모든 것을 기대는 실정이다. 그러나 우리나라의 형법과 특별법에 음란물을 처벌하는 규정은 많지만 무엇이 음란물인가에 대한 법률적 규정은 없다. 다만 대법원의 판례에 그 기준이 제시되고 있을 뿐이다. 여기에 의하면 음란물은 "성욕을 자극해서 성적 흥분을 유발하고 정상적인 성적수치심을 해하여 성적 도의관념에 반한 것"으로 명시되어 있다.

이러한 내용이 구체적인 것 같지만 따지고 보면 매우 추상적이란 사실을 발견한다. 어떤 예술작품이 성적 흥분이나 성적 수치심을 유발하거나 성적 도의관념에 반하는 것인지에 대한 의문이 생긴다. 그러다 보니 결국은 보는 사람 스스로가 그 기준을 정하고 판단해야 한다는 결론에 도달할 수밖에 없다.

가상공간의 예술작품에 대한 새로운 시각을 가져야 한다. 가상공간이 쓰레기 더미에 비유되는 것은 수천수만의 포르노 사이트 때문이다. 성년, 미성년을 막론하여 마음만 먹으면 클릭하는 순간 음란물 동영상을 직면한다. 이러한 상황을 간과하고 나체 사진 한 장으로 호들갑을 떠는 우리 사회의 양면성을 명쾌하게 설명하기란 쉽지 않다. 문제의 인터넷 홈페이지는 일종의 웹아트 형식을 갖추고 그림, 영상, 동영상 등이 총체적으로 어우러져 작가의 예술 세계를 표현하고 있다. 홈페이지 전체를 보고 종합적인 맥락에서 문제의 사진에 대한 판단을 내려야지 단 한 장의 사진으로 음란성을 판단하는 것은 어불성설이다.

김 교사는 자신의 작품을 인체의 미적 기준이 규격화 되는 것에 대한 일종의 저항의 메시지를 보냈다고 주장하였다. 규격화 되는 인체의 미적 기준을 겨냥해 평범한 신체도 충분히 아름다울 수 있다는 의도이다. 문제의 나체 사진을 보고 아름다움을 느꼈든 불쾌감을 느꼈든 그것은 보는 사람의 미적 기준으로 판단할 뿐이다.

전술한 것처럼 김 교사의 인터넷 홈페이지는 대중매체의 선정성이나 상업적 보도가 아니었으면 세인들의 주목을 받지 못했다. 예술성을 공권력에 맡길 수밖에 없는 사회문화적 수준이 개탄스러울 따름이다. 외설의 사전적 의미는 성욕을 흥분시킬 목적으로 행하는 난잡한 행위로 정의된다. 음란의 의미도 음탕하고 난잡하다는 것이다. 음탕은 주색에 마음을 빼앗겨 행실이 온당하지 못하다는 뜻이요, 난잡하다는 것은 어수선하고 혼잡하거나 막되고 너저분함을 의미한다. 그렇다면 진정으로 음란한 것은 김 교사의 사진이 아니라 통제 사정권에서 벗어난 수많은 포르노 사이트이다. 뿐만 아니라 다양한 매체에 등장하는 선정적이고 상업적인 광고나 시청률을 높이기 위해 수단과 방법을 가리지 않는 수많은 오락 프로그램도 충분히 외설적이고 음란하다.

가상공간은 새로운 매체로써 자리매김하면서 예술가에게는 또 다른 예술작품 공간으로 활용된다. 이 공간에서는 억압과 통제 없이 누구든지 작품 활동을 할 수 있어야 한다. 가상공간의 예술 활동까지 현실공간의 잣대로 억압과 통제를 일삼는다면 가상공간의 창의성과 예술적 실험정신을 포기할 수밖에 없다.

저속한 상업적 대중매체를 업고 자행되는 인터넷의 통제와 규제가 만사는 아니다. 현실공간에서 다루기 어려운 성담론에 대한 진지한 토론은 가상공간을 통하여 활성화시키는 것도 바람직하다. 그러할 때 해묵은 예술과 외설 논쟁은 자정력을 갖게 될 뿐만 아니라 우리 사회의 문화·예술적 수준도 높아질 것이다.

게임 중독시대

인터넷이 대중화되면서 '게임(Game)'이라는 새로운 문화가 급속하게 확산되고 있다. 이는 동네마다 즐비한 PC방과 세계 최고의 초고속통신망 보급과 무선 인터넷의 보편화에 기반을 둔다. 우리는 일찍이 동네 구멍가게 모퉁이에서 우리의 발걸음을 멈추게 한 초라한 흑백 슈팅게임을 기억한다. 하지만 그것은 인터넷이라는 가상공간 속으로 옮겨져 웅장한 사운드와 화려한 그래픽을 동반한 새로운 모습으로 우리를 놀라게 하고 있다. 이제 텔레비전이나 인터넷 방송을 통한 게임중계는 일종의 스포츠 중계처럼 여겨져 우리에게 거부감을 주지 않는다.

지방자치 단체에서는 경쟁적으로 '컴퓨터 게임 엑스포'를 개최하고 있다. 이를 통하여 21세기 게임산업의 발전방향을 모색한다. 우수인력 양성과 관련 산업 육성을 위한 기반을 마련하고 게임산업의 발전을 위한 인프라 구축에 관심을 둔다. 이를 통해 올바른 게임문화를 확립하고 게임산업의 붐을 조성하려는 것이다. 최근 모

방송국에서도 '대한민국 게임대상'을 제정하여 '게임 시나리오상, 게임 프로그래밍상, 게임 사운드상, 게임 캐릭터상, 게임 그래픽상, 프로게이머상, 인기 게임상' 등을 시상한 바 있다.

게임은 다양한 역사와 장르를 가지고 있다. 1960년대 실험단계, 1970년대 아케이드 단계, 1980년대 비디오 게임시대, 1990년대 PC 게임시대, 그리고 최근에는 모든 게임이 네트워크를 통해 온라인으로 이루어지는 온라인 게임시대가 되었다. 온라인 게임은 통상 패키지 게임, 머그로 불리는 롤플레잉 게임, 웹 기반 게임, 모바일 게임으로 분류한다.

이 중에서 가장 중독성이 높은 게임은 머그 게임이다. 우리가 우려하는 게임중독은 게임 몰입에서 비롯되며 게임 몰입 이유는 먼저, 게이머에게 주도적 선택권을 제공하기 때문이다. 다음으로, 단계나 랭킹 시스템을 부여하여 자기 관여도를 높여준다는 것에 있다. 또, 적절한 난이도를 제공하여 게이머의 도전과 경쟁의식을 자극하기 때문이다. 마지막으로, 리얼리티 즉 현실감을 부여하여 실재감을 느낄 수 있도록 하는 데 있다. 특히 게임을 통하여 경험하는 가상현실은 현실보다 더 현실적이며 현실적 유사함으로 경험하는 가장 강력한 현실이다. 게이머는 현실의 억압을 게임이라는 가상공간을 통하여 탈출하고자 욕망한다. 가상공간에서 해방감을 만끽한 또 다른 자아들은 좀처럼 현실공간으로 귀환하려 들지 않는다.

더글라스 러쉬코프의 지적처럼 게임중독에 대해 우리의 눈이 아닌 그들의 눈을 통해 그들의 세계를 보려는 노력이 필요하다. 그들이 게임에 몰입하는 이유는 그 속에 그들 나름의 세계와 가치관 그리고 문화가 있기 때문이다. 현실로 귀환하지 않으려는 자아들을 억압하는 정체부터 밝혀야 한다. 우리가 직접 게임세계를 체험해보고 그 세계를 먼저 이해할 필요가 있다. 게임은 우리의 새로운 문화이자 우리의 현실이며 게이머 또한 우리와 함께 살아가는 운명공동체이기 때문이다.

네티켓, 가상공간의 예의범절

21세기의 변화무쌍한 현실을 우리는 디지털시대라 일컫는다. 디지털시대의 여러 가지 변화 중에 새로운 가상공간이 창조되었다는 점이 시사하는 바는 매우 크다. 가상공간은 현실공간 못지않게 우리의 일상으로 다가와 현실과 가상의 구분마저 모호하게 만든다.

이러한 상황은 앞으로 점점 심화될 것이고 현실보다 가상공간의 비중이 더욱 커진다는 것은 기정사실이다. 특히 자크 아달리는 미래의 우리는 가상공간에서 현실세계와 마찬가지로 일하고, 소비하고, 여가를 즐기고, 사랑을 하게 된다고 역설하였다. 그리하여 상상과 실제 체험, 환상과 볼거리, 이상과 망상의 경계가 붕괴되는 현실을 받아들이지 못하는 사람은 광기를 일으킬 것으로 단언하고 있다. 이러한 지적은 이미 현실로 표면화되고 있다고 해도 과언이 아니다. 가상공간에 적응하지 못하는(혹은 적응하지 않는) 사람들의 일탈적 행위를 매스컴을 통해 수시로 접할 수 있기 때문이다. 이들 중에는 자살을 보조하는 역할을 수행하거나 크랙커로 변신하여 불특정 다수의 네티즌에게 해악을 끼치고 있다. 그러나 이들은 자신들이 수행하고 있는 일에 죄책감을 느끼지 않는다는 공통점을 지닌다. 때문에 가상공간의 에티켓이 존재해야 한다는 당위적 필요성이 절실하다.

우선, 인터넷으로 대표되는 가상공간에서 불법적인 행동을 하지 말아야 한다. 그리고, 방호 시스템을 손상, 무력화시키거나 타인이 저장해 놓은 데이터나 자료들을 훼손시키지 말아야 한다. 다음으로, 사회 정서적, 도덕적으로 부적절한 사이트에 접속하거나 타인의 전자 우편을 읽는 등 다른 사람의 사생활을 침해하지 말아야 한다. 또, 본인의 허락 없이 다른 사람의 이름으로 인터넷을 사용하거나 저자의 동의 없이 저작권을 침해해서는 안 된다. 끝으로, 폭력적이고, 선정적인 내용의 메시지를 다른 사람에게 보내거나 컴퓨터 바이러스를 고의로 유포시키는 것을 금지해야 한다.

이러한 몇 가지 사항조차 준수할 수 없는 네티즌은 가상공간을 항해할 자격이 없다. 자유와 권리는 의무와 책임을 동반한다는 것은 현실공간을 통하여 익히 알고 있는 사실이다. 우리는 가상공간을 현실공간과 마찬가지로 인식할 필요가 있다. 현실공간에 에티켓이 있듯이 가상공간에는 네티켓이 엄연히 존재해야 한다는 사실을 인정하고 인식의 전환을 해야 한다.

네티켓(Netiquette)은 네트워크 에티켓(Network etiquette)을 일컫는다. 현실공간에서 에티켓이 없는 사람이 적응하기 힘들 듯이 가상공간에서도 네티켓을 상실한 네티즌은 따돌림을 당할 수밖에 없다. 가상공간에서 네티켓이 지켜질 때 유익한 정보를 교환할 수 있을 뿐만 아니라 건전한 인간관계를 형성한다. 아직까지 가상공간의 네티켓은 걸음마 단계를 벗어나지 못하며, 네티즌의 노력 여하에 따라 점차 정착될 수 있다. 네티켓이 정착되어야만 우리 자신이 만들어낸 가상공간에 함몰되지 않을 것이며 인류문명은 더욱 발전·번성할 것이다.

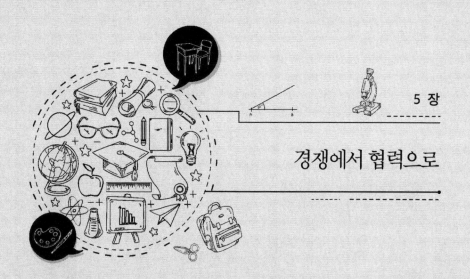

5 장

경쟁에서 협력으로

서로 존중하고 이해하는 협동학습

최근 마틴 메이어의 『교육전쟁』과 사토 마나부의 『교육개혁을 디자인 한다』라는 책을 흥미롭게 읽었다. 이 책의 저자들은 우리 교육 현실을 객관적 시각으로 살펴보고 있다는 점에서 시사하는 바가 크다. 특히 우리나라 교과서는 시험 정답이라 학생이 그대로 습득할 수밖에 없다는 지적이 의미심장했다. 이렇게 교과서 내용을 무비판적으로 수용하다 보니 학생의 자립적 사고력, 분석력, 비판력, 융통성, 창의성이 부족할 수밖에 없다는 것이다.

아울러 우리나라는 지식과 기능을 일제식으로 전달하는 수업을 진행하고 암기 중심의 학습을 부추긴다고 지적하였다. 그리고 경쟁에 의해 동기를 부여받는 개인주의적 학습이 대부분을 차지한다는 것을 회의적으로 보았다. 분필과 교과서로 진행하는 수업, 칠판과 교탁을 앞에 두고 한 방향으로 책상과 의자를 줄지어 늘어놓은 수업은 박물관 자료실로 옮겨질 산물로 여긴다.

이러한 지적에 기대지 않더라도 교과서와 분필, 칠판, 교탁 중심의 수업에서 벗어나고 있는 것이 세계적 추세이다. 15~20여 명 정도의 학생들이 몇 개의 탁자에서 일제식 수업이 아니라 주제를 중심으로 탐구하는 협동학습을 통해 서로 배우고 익힌다. 여기서 말하는 협동학습은 학습효과뿐만 아니라 극단적 개인 이기주의를 극복하는 데에도 바람직한 교수·학습방법으로 알려져 있다.

협동학습은 교수·학습과정에서 같은 조원이라는 유대감으로 친밀감을 느끼며 서로를 존중하고 이해하는 폭을 넓히는 역할을 한다. 이러한 과정을 통해 의사소통 기술과 사회적 기술이 발전하며 긍정적인 자아개념과 학생의 숨은 다양한 재능을 개발할 수 있다. 아울러 '학습문제 해결에 많은 도움을 받는다는 점, 혼자서 학습한 경우보다 많은 것을 학습할 수 있다는 점, 자신감과 도전에 필요한 기질, 성향, 태도 등이 개발된다는 점, 다른 학습자의 학습방법을 관찰하고 배울 수 있다는 점, 자신과 타인에 대한 이해를 넓혀 협력적 태도를 형성하여 학습력 신장으로 이어질 수 있다는 점' 등이 장점이다.

반면에 '과정보다 결과를 중시하는 습관이 생길 수 있다는 점, 잘못된 이해가 더욱 강화된다는 점, 또래에게 의존하는 경향이 커질 우려가 있다는 점, 소집단 내에서 또래들에 비해 능력이 떨어지는 학습자의 경우에는 상호작용의 기회를 상실할 수도 있다는 점, 유능한 학습자가 알면서도 일부러 집단 활동에 동참, 기여하지 않는 경우도 있다 점' 등이 단점으로 지적된다.

이러한 장단점을 고려하더라도 협동학습은 기존의 경쟁학습, 개별학습, 전통적 소집단 학습의 개인주의적 성향을 극복할 수 있는 대안이다. 공동체의 일원으로 존재하는 학습자 모두는 학습동기를 부여받고 공동의 학습목표를 성공적으로 달성하기 위해 서로를 격려하고 도움을 아끼지 않는다. 때문에 교수·학습 중심의 인지적 영역뿐만 아니라 정의적 영역에까지 영향을 준다. 협동학습이 성공적으로 궤도에 정착하기 위해서는 주기적으로 소집단을 재편성하고, 과목별로 소집단을 다르게 편성할 필요가 있다. 그리고 학습 집단 간의 빈익빈 부익부(貧益貧 富益富) 현상을 방지하기 위하여 역할을 분담하거나, 집단보상을 강조하는 등 협동학습 기술 개발을 위한 부단한 노력이 요청된다.

국제학업성취도평가(PISA)에서 연속 1위를 기록하는 핀란드에서는 원래부터 공부를 못하는 학생은 존재하지 않으며 다만 차이가 있을 뿐이라고 믿는다. 그래서 모든 학생에게 평등한 기회가 주어지며, 기회균등이 능력을 키우는 최고의 방법이라고 생각한다. 시험과 서열을 없애고 발달의 관점으로만 학생을 평가할 뿐만 아니라 모든 교육 단계에서 서로에게 영향을 주고 협동하는 동료의식 배양을 중시한다. 그들은 경쟁원리보다는 협동을 통한 공생원리에서 더 많을 것을 배울 수 있다는 확고한 믿음을 가진다. 그것이 교육선진국을 만든 원동력으로 작용한다는 사실을 잊어서는 안 된다.

협업적 문제해결능력 신장 방안

우리는 기계화, 전기화, 정보화를 넘어 인공지능(AI)과 사물인터넷(IOT) 및 로봇기술 등 첨단 ICT기술로 대표되는 4차 산업혁명시대를 눈앞에 두고 있다. 이미 미국, 일본, 중국, 독일은 새로운 물결의 선두주자로 앞서가고 우리나라는 세계 25위 수준에 머물고 있다고 한다.

이러한 상황을 반영하듯 매년 세계 최상위를 자랑하던 우리나라가 2015년 국제학업성취도평가(PISA)에서는 모든 분야에서 3위 안에 들지 못했으며 학업 흥미도는 최하위를 벗어나지 못했다. 그 원인은 국제학업성취도평가가 협업적 문제해결능력(CPS) 측정으로 바뀌었기 때문이라는 분석이다. 이번 평가에서 우리나라뿐만 아니라 핀란드까지 앞지른 에스토니아 교육방법이 새해 화두가 되고 있다. 에스토니아는 유치원부터 고등학교까지 소프트웨어교육을 과감하게 도입하였으며, 학생들이 서로 도우면서 정보를 찾아 분석하는 문제해결능력 신장 중심의 교육을 실시한 것이다.

다행스럽게 우리나라도 2015 개정교육과정을 통하여 소프트웨어 교육을 강화하고 교육혁신을 주창하긴 하지만 학교 현장의 체감도는 그리 높지 않다. 때문에 과거의 개인 중심의 교육관행에서 벗어나 협업을 통한 교육혁신이 필요하다. 종래의 교실 수업방법을 탈피하고 학교 밖의 세계로 눈을 돌리고 삶과 밀착된 교육과정을 재구성해야 한다. 교사와 학생, 학생과 학생이 서로 어울려 어떻게 공동작품을 만들 것인가에 고민하고 토론하며 해결 방안을 모색해야 할 시점에 왔다.

'평가가 교육의 방향을 결정짓는다.'라는 말이 있듯이 4차 산업혁명시대를 담는 새로운 평가 방법이 모색되어야 한다. 단순한 암기와 수용보다는 지식 간의 네트워크 형성과 융합을 통한 새로운 창조가 필요하다. 과정중심평가 방법은 기존의 결과 중심의 한 줄 세우기식 선발적 평가에서 벗어나 있다. 수업 과정과 결과를 통한 성장과 발달을 평가하여 학생이 최선을 다하고 있는가, 얼마나 향상되었는가에 평가의 초점을 맞춘다.

그것은 창의적이고 고차적인 사고력, 문제해결력 중심의 수업과 학교별, 학년별 평가에서 학급별, 교사별 평가로 전환하는 토대이다. 또 선다형 문제풀이 중심의 사교육 축소에 기여하며 학생 중심평가로 학생 인권 존중을 실현하게 된다. 무엇보다도 교사의 수업과 평가에 대한 권한을 강화하여 교권 신장에 기여한다. 장기적으로는 학생부 종합전형과 논술 입시 준비에도 긍정적 영향을 미친다.

4차 산업혁명 시대를 목전에 둔 우리는 아이즈너의 그 유명한 참평가를 생각하게 된다. 그는 평가의 준거 기준을 '결과뿐만 아니라 과정도 보여줄 수 있는 것, 배운 것을 새로운 상황에 적용하도록 요구하는 것, 단편적인 사실뿐만 아니라 전체적 맥락을 파악하는 것, 공동체의 집단지성을 발휘할 수 있는 것' 등으로 정한 바 있다. 과정중심평가를 통하여 협업적 문제해결력을 신장하고 학생의 건전한 성장과 발달을 이룰 수 있도록 교육공동체 모두가 힘을 모아야 할 것이다.

자유학기제 정착을 위한 시론

중학교 자유학기제 도입을 둘러싸고 교육계가 뜨거운 논쟁을 불러일으킨 적이 있다. 이러한 논쟁 끝에 도입된 자유학기제는 학교 현장에 뿌리를 내려 싹을 틔워 가던 중 자유학년제 시행이 발표되었다. 교육부는 2018년부터 중학교 1학년을 대상으로 희망하는 학교에 한하여 자유학년제를 추진하겠다고 발표하였다. 자유학기제가 학교 현장에서 나름의 긍정적 성과를 내고 있다는 판단 때문이다.

당초 자유학기제는 학생의 꿈과 끼를 키워 진로탐색 중심의 행복교육을 실현한다는 취지로 도입되었다. 이는 2013년도 2학기에 연구학교 운영을 시작으로 2014~2015년도 희망학교 운영을 거쳐 2016년부터 모든 학교에서 실시되었다.

이미 자유학기제와 유사한 제도로 청소년에게 적성과 소질에 맞는 진로탐색 기회를 제공하는 나라가 많다. 아일랜드에서는 중학교 3학년부터 고등학교 1학년 과정에 전환학기제를 도입하였다. 그것은 희망학생을 대상으로 1년간 진행되며 사회, 도덕, 음악, 예술, 철학, 응용논리 및 다양한 체험 활동 프로그램을 실시하고 있다.

덴마크는 공립기초학교를 졸업하고 직업학교로 진학하기 전에 애프터스쿨을 운영한다. 여기에서는 학생에게 음악, 미술, 체육을 통한 감성교육과 단체 활동 등으로 진로탐색 기회를 제공하고 있다. 스웨덴에서도 중학교 2학년에서 3학년 과정에 직업체험 기간을 두어 학생이 의무적으로 참여한다. 이 과정을 통하여 수업 대신 기업 등에서 현장체험을 하며 학습과 진로를 연계하는 경험을 쌓는다.

우리나라 교육과정에서 중학생은 초등학생과 고등학생 사이인 교육 전환기에 존재하여 이것도 저것도 아닌 낀 세대로 인식된다. 따라서 가정이나 사회적으로 크게 주목을 받지 못하는 소외된 학생이 많다. 그렇기 때문에 자아형성 과정에서 겪는 불안하고 반항적인 심리적 상태를 이르는 중2병을 경험하기도 한다.

한국청소년상담원이 전국 초·중·고교생을 대상으로 '청소년 위기 실태'를 조사한 바에 의하면 청소년 폭력 70%는 중학생이 가해자라는 결과가 나왔다. 아울러 전국 초·중·고의 폭력사건의 69%가 중학교에서 발생하는 것으로 조사되었다. 이와 같은 결과는 학업 성적이나 교우관계 및 가정문제보다도 이들에게 꿈과 끼를 발산하고 진로를 탐색할 수 있는 기회를 제공하지 못한 데 더 큰 원인이 있다.

자유학기제에는 중학교 교육과정 중 한 학기 동안 학생이 중간·기말고사 등 시험부담에서 벗어나 꿈과 끼를 찾을 수 있도록 토론, 실습 등 학생 참여형으로 수업을 진행한다. 그리고 진로탐색 활동 등 다양한 체험활동이 가능하도록 교육과정을 유연하게 운영하는 제도이다. 자유학기제로 지정된 학기에는 시험을 실시하지 않고 성취 수준만을 확인하게 된다. 대신에 진로수업이나 체험 등을 집중적으로 실시하여 진로교육 및 교육방법의 전반적 변화를 모색한다. 이러한 과정을 통하여 학생은 적성과 소질을 발견하는 기회를 얻어 진로탐색에 집중하게 될 것이다.

하지만 자유학기제나 자유학년제에 대한 부정적 의견이 없는 것은 아니다. 한 학기나 1년 동안 학과 공부를 제대로 시키지 않으므로 사교육이 성행할 것이라는 등의 염려도 있다. 이러한 제도적 약점을 불식시킬 수 있는 실질적인 대안을 마련해야 한다. 뿐만 아니라 학생의 진로체험 욕구를 충족할 수 있는 네트워크 형성과 사회적 인프라 구축도 시급하다. 이것은 학교의 역량만으로 해결하기란 현실적으로 어렵다. 우리 사회의 교육공동체 모두가 함께 중지를 모을 때 대안을 마련할 수 있을 것이다.

학업성취도 평가에 관한 소견

국가수준 학업성취도 평가는 1960년대부터 시행되었으며 1998년까지 일제고사 형식으로 실시되었다. 이후 1998년부터는 표집고사 형식으로 전환되었다가 2008년 10년 만에 다시 일제고사 형식으로 복귀하였다. 매년 6월에 실시되는 학업성취도 평가는 최근 지속되는 폭염만큼이나 교육계를 뜨겁게 달구었다.

학업성취도 평가 반대 측에서는 종전대로 표집조사를 통해 몇몇 학교를 선정하여 평가를 시행하자는 입장이다. 학업성취도 평가가 학생과 학교를 서열화하고 교원 성과급 차등 지급, 인사 불이익 등의 차별적 혜택을 조장한다고 보았다.

반면에 찬성 측에서는 학업성취도 평가가 표집조사로 시행되었던 2008년 이전에는 기초학력 미달학생의 관리가 제대로 되지 않아 일제형으로 변경할 수밖에 없었다는 주장이다. 학업성취도 평가는 일선교사에게 인센티브를 주고, 기초학력이 부진한 학생에게는 다양한 학력 향상프로그램을 제공하여 성적이 부진한 학생에게 의욕과 자신감을 심어 주기 위한 제도라는 것이다.

이 글의 목적은 학업성취도 평가를 실시해야 하는가, 말아야 하는가를 따지는 데 있지 않다. 다만 학업성취도 평가가 교육 방법론적 측면에서 어떤 변화를 추구하는가를 살펴보고 대안을 마련하고자 한다.

학업성취도 평가 시행목적은 '기초학력미달 학생의 학습결손 보충을 위한 기초 자료 확보, 학생 개개인 및 단위학교의 학업 성취수준 파악, 교육과정 개선 및 행·재정적 지원의 기초자료로 활용' 등 세 가지로 요약할 수 있다. 이를 면밀히 살펴보면 교육적 성과 중심의 결과론에 치중하고 있다는 것이 쉽게 드러난다.

우리나라 학생은 노력에 비하여 교육적 효율성이 떨어진다는 말을 흔히 듣는다. 그것은 공부하는 방법에도 문제가 없진 않지만 결과만을 중시하는 평가에 더 큰 문제가 존재한다. 실재 현실세계에서의 존재나 사건에는 반드시 그것을 발생시키는 과정과 원인 및 근거가 있다. 우리 교육의 교육적 효율성을 높이기 위해서는 결과 중심의 평가에 치중하기보다는 과정과 원인 및 근거에 비중을 높이는 방법론적 대안을 마련해야 한다.

학업성취도 평가가 결과론적 평가만을 강조하여 지식 주입식 교육을 주도해서는 안 된다. 밥상을 잡고 걸음마를 배운 기성세대와 컴퓨터를 잡고 걸음마를 배운 학생들과의 세대 차이를 인정해야 한다. 이러한 세대의 학생에게는 지식보다는 지혜를 발견하는 방법이 더 필요하다. 진정한 교육이란 빼낸다는 의미와 끌어올린다는 의미를 내포하여 학생들의 내부에 침전된 지혜를 끌어올리는 것에 있기 때문이다.

일찍이 소크라테스는 자신의 산파술로 미숙한 상태의 젊은이를 성숙한 상태로 개발시키고자 하였다. 산파술의 목적은 화자와 청자가 토론을 통하여 상대방이 가지고 있는 진리에 대한 지식을 좀 더 명확하게 정리시키는 데 있었다. 그는 젊은이와 끊임없이 대화하면서 스스로 깨달음에 이를 수 있도록 도와준 셈이다.

21세기는 학생에게 물고기를 잡는 방법보다는 오히려 바다가 어디에 위치하고 있는지를 교육시켜야 한다. 그러할 때 그들은 스스로 물고기 잡은 방법을 익히고 맘껏 바다를 즐기며 새로운 형태의 잠수함도 만들어 낼 것이다.

학업평가 혁신의 과제

정권이 바뀔 때마다 교육정책이 바뀐다는 것은 다 아는 사실이다. 교육은 백년지대계(百年之大計)가 아니라 오년지대계(五年之大計)라는 말이 널리 회자되고 있다. 학교 현장에서 보면 얼마 전까지 신자유주의 교육정책이 학교 현장을 주도하고 있었는데 언젠가부터 학교혁신이 그 자리를 대신하고 있는 듯하다.

신자유주의 교육개혁이 행동주의적 자극과 반응이론에, 학교혁신은 구성주의적 상호소통이론에 토대를 둔다. 우리나라 교육방식이 행동주의를 벗어나 구성주의를 지향한 것은 십수 년이 지났다. 수업과 평가는 본시 한 몸일 진데 우리나라에서는 수업과 평가가 따로 돌아간다. 수업과 출제는 교사가 하지만 결과적 평가가 주를 이루고 관리는 학교에서 맡는다. 이 말은 수업 과정에서 평가가 이루어지지 못하고 중간고사니 기말고사니 하여 결과 중심의 평가를 실시하고 있다는 의미이다.

평가 자체가 교육과정 속에 내포되어 있지 못하고 독립되기 때문에 교사의 평가권이 제대로 인정받지 못하는 셈이다. 구성주의적 교수·학습을 도입하고서도 행동주의적 평가방식을 벗어나지 못했다. 구성주의적 평가방식은 교사의 평가 재량권과 학생과 교사의 상호소통을 중시한다. 하지만 학교 현장은 교사와 학생을 불신하고 평가에 대한 중앙집권적 통제 장치를 설정하고 있다.

다행스럽게도 학교혁신의 일환으로 수업과 평가 방식에 대한 새로운 변화를 모색하고 있다. 배움과 성장 중심의 평가로 혁신하기 위해서는 창의적 교육 활동을 위한 평가 방법을 개선해야 한다. 또한 미래역량평가, 교사별 평가, 수시평가를 확대하고, 학생의 특성과 성장을 고려한 정의적, 총체적 평가를 도입해야 할 것이다. 배움과 성장 중심 평가를 학교 현장에 안착하려면 다음과 같은 방안을 제시할 수 있다.

평가방법 개선 연수를 실시하고 배움과 성장 중심의 평가에 대한 홍보를 강화한다. 또한 평가에 대한 인식 개선을 위한 컨설팅 실시가 필요하다.

결과 중심의 선다형 위주 지필평가를 축소하고 과정 중심의 수행평가를 확대한다. 중간고사·기말고사 횟수를 축소하고 결과보다 학습 과정을 중시하며 실제 상황에서 학생 모두가 성취목표에 도달하도록 운영할 수 있다.

학생의 잠재력을 계발하고 소질을 발휘하는 데 도움을 주는 성취평가제 현장지원단을 구성한다. 성취평가제를 통하여 경쟁을 지양하고 협동을 장려하며 개인별 학업성취도를 파악하여 내적동기 유발을 강화할 필요가 있다.

학업성적 관리를 효율적으로 운영하며 학업성적 관련 민원센터를 운영하는 것도 좋다. 학업성적관리의 효율적 운영을 위하여 학교장의 자율권을 강화하고 정기고사 예비문항 출제를 지양한다. 또 학생과 학부모들의 신뢰를 받는 투명한 성적관리가 요청된다.

배움과 성장 중심의 평가로 학교혁신을 위해서 평가는 과거를 위한 잣대가 아니라 미래를 위한 잣대여야 한다. 수업과 평가를 하나의 교육과정에 포함시키고 교사를 신뢰하여 평가 재량권을 인정해야 한다. 이러한 풍토가 조성될 때 교사는 다양한 평가방식을 활용하여 학생 개인의 수준에 맞는 개별적 평가방식을 도입할 수 있다. 이것은 학습과정과 결과를 동시에 평가하여 학생의 건전한 성장과 발달을 가능하게 할 것이다.

성장과 발달을 돕는 과정중심평가

교수·학습방법 개선과 더불어 학습 평가방법 개선에 대한 목소리가 높다. 2015 개정교육과정에서도 평가의 중요성을 인식하고 평가 항목을 신설하여 의미 있는 학습경험이 평가를 통해 학습자들에게 제공될 수 있도록 하였다. 그것은 기존의 학습 결과 중심의 평가 방법에서 벗어나 학습 과정을 평가하여 모든 학습자가 교육 목표에 도달할 수 있도록 하는 데 목적이 있다.

과정중심평가란 결과 중심의 평가관과 거리가 있는 학생 개개인의 성장과 발달을 돕는 평가 방법이라 하겠다. 이는 학생의 인지적, 정의적, 심동적 영역에 균형 있게 진행되며, 교사 중심에서 벗어나 학습자를 중심으로 하는 다양한 평가 방법이다. 즉, 교수·학습과정 중에서 교사보다는 학생 간의 상호작용이나 사고 및 행동의 변화 등을 모색한다.

과정중심평가는 교육과정-수업-평가-기록의 일체화를 지향하며 내실 있는 수행평가, 일상적 수시평가, 수업과 연계된 평가, 실생활을 반영한 평가 등으로 구현된다.

　내실 있는 수행평가는 기존의 교사가 준비한 답지 중에서 학생
이 선택하는 방식에서 탈피하여 아는 것과 실제로 할 수 있는 것
을 판별할 수 있는 기회를 제공한다. 즉 구술, 토론, 발표를 하거나
산출물을 만들어내어 학생 스스로 문제를 해결할 수 있도록 하는
방법이다.

　일상적 수시평가를 통하여 수행 과제 중심의 형성평가를 실시하
고 학습 결손을 예방하는 차원에서 수시 피드백을 실시한다. 이러
한 평가는 서열이나 경쟁이 목적이 아니기 때문에 교사나 학생들
의 부담이 적고 교수·학습 방향과 문제점 파악에 도움이 된다.

　수업과 연계한 평가는 교수·학습과 평가를 밀접하게 연계시키는
평가방법이다. 이를 통해 프로젝트, 실험, 실습, 토론 등 다양한 수
업 방법과 발표, 보고서 작성 등의 평가 방법을 연결시켜 학생 중
심의 평가 방법을 진행하는 것이다.

　실생활과 연계한 평가는 기존의 암기능력 중심의 평가 방법이 아
닌 학교에서 배운 지식과 기능을 사회적 문제 해결에 적용할 수 있
는지를 평가한다. 이러한 과정에서 학생들 스스로 프로젝트를 계
획하고 수행해 나갈 수 있으며 다양한 아이디어를 중심으로 학습
활동을 진행할 수 있다.

　과정중심평가는 교사와 학생, 학부모와 상호작용을 강화하여 학
생의 성장과 발달을 도모하는 데 도움이 된다. 특히 교사의 교수·
학습 방법 개선의 자료가 되며 학생에게 학습 흥미도와 자존감 및
자기주도적 학습 태도를 갖게 한다. 뿐만 아니라 학생의 미래학력
이라 할 수 있는 창의성과 문제해결력, 비판적 사고력, 판단력 정보

수집 및 분석과 통합능력 등을 신장할 수 있다.

　평가가 교육의 방향을 결정한다고 할 때 그간의 평가 방법은 평가의 본질적 목적을 외면한 평가였던 것은 아닌가라는 생각을 하게 된다. 과정중심평가는 '학습을 위한, 학습으로서의' 평가를 탈피하여 모든 학생의 '성장과 발달을 돕는 참평가'로서의 역할을 감당할 것으로 기대한다.

입학사정관제, 정량보다는 정성평가로

김 군은 대학입시에서 연세대 생명공학부에 합격하였다. 초등학교 5학년 때부터 전자기파의 파동에 관심을 갖게 되면서 집중적으로 탐구한 결과였다. 박 군은 동국대 국어국문학과에 합격하였다. 고등학교에 재학하면서 판타지 소설을 열다섯 권이나 저술한 경력을 높이 평가 받았다. 최 군은 중앙대 신문방송학과에 합격하였다. 중·고등학교 때부터 꾸준히 방송반 활동을 했을 뿐만 아니라 각종 영상제에 참여하며, 국가청소년위원회의 청소년 리포터로 활동한 경력이 도움이 되었다.

이상은 대학 입시에서 입학사정관제로 합격한 학생의 사례이다. 입학사정관제로 합격한 학생은 주로 전문 영역에 관심을 갖고 많은 시간을 투자하였다. 각종 대회에 참여하거나 논문 발표, 자격증 취득 등 해당분야에 남다른 노력을 게을리하지 않았다. 특히 농산어촌이라는 소외된 교육환경에도 굴하지 않고 꿈을 키웠거나, 학생회 활동을 열심히 하거나 희생정신과 봉사정신이 투철한 학생들도 많은 혜택을 받았다.

'입학사정관제'는 입학사정관이 학생 개인의 잠재적 역량, 특기와 적성, 창의적 능력, 문제해결 능력 등을 사정하여 학생을 선발하는 제도이다. 아울러 책임감과 봉사정신, 리더십과 역경극복 능력 등 다양한 요소와 모집학과의 특성을 고려한 다면적 평가로 학생을 선발한다. 미래사회에 대비하여 성적 위주의 획일적 선발보다는 학생의 다양한 잠재력을 보고 발굴, 선발한다는 취지에서 도입되었다. 기존의 정량평가보다는 정성평가, 즉 당장 몇 문제 더 풀어내는 학생보다는 미래에 더 많은 문제를 해결할 수 있는 창의적이면서도 잠재적 역량이 있는 학생을 선발하겠다는 것이다.

우리나라 입학사정관제도는 미국의 입학사정관제도를 벤치마킹해 운영하고 있다. 〈타임스〉가 세계 2위 대학으로 선정한 UC버클리대 앤드 루카 입학부처장은 입학사정관제의 학생평가 방법과 입학 절차의 공정성을 강조한다. 이 대학의 입학정책 목표는 학업능력 뿐만 아니라 개인적 측면에서도 우수한 재능을 겸비한 학생을 선발하는 데 있다. 아울러 문화, 인종, 지역, 사회경제적 배경 면에서 소외된 학생을 배려한다. 입학지원서에는 가정환경, SAT, ACT 등의 시험 성적, 수상 경력 등을 기재하게 되어 있다. 그리고 과외활동, 지도자 역할 및 봉사 활동, 아웃리치 프로그램에 대한 참석 여부를 밝히고, 원고지 1,000자 정도로 두 가지 종류의 자기소개서를 작성하도록 하였다. 특히 학업성취도, 업적, 기회·도전과제, 지역사회에 기여할 수 있는 잠재적 역량 등을 검토한다. 최종적 학생 선발 시에는 단순한 평가 수치보다는 종합적 관점의 맥락을 더욱 중시하는 것이다.

입학사정관제가 우리 교육 현실에 제대로 정착하기 위해서는 우선, 제도에 대한 신뢰성 확보를 위한 방안을 모색해야 한다. 제도 자체에 대한 사회구성원들의 부정적 인식을 불식시키기 위해서는 사회적 약자에 대한 배려와 대책이 요청된다. 다음으로, 대학에서는 역량 있는 입학사정관을 초빙하여 전문성과 공정성을 확보하여야 한다. 입학사정관의 수적인 확대와 전문성 제고 및 대학 간이나 대학과 고등학교 사이의 군건한 인프라가 구축될 필요가 있다. 끝으로, 구체적이면서도 객관적인 학생 평가방법이 마련되어야 한다. 단순한 학업성적보다는 리더십과 봉사정신, 희생정신, 인성, 창의성 등의 잠재적 능력을 다양하게 평가하는 포괄적 시스템을 도입해야 하겠다.

새롭게 도입된 입학사정관제는 가히 우리 교육계의 혁명적이라 할 만하다. 입학사정관제가 성공적으로 정착된다면 입시 위주의 우리 교육 전반에 커다란 변화가 일어난다는 것은 분명한 사실이다. 학생을 선발하는 대학이 변하는데 공급자인 중·고등학교가 변하지 않을 배짱이 있겠는가. 성적보다는 다양한 특기를 지닌 학생을 선발한다는 데 이견이 있을 수 없다.

2015 개정교육과정과 성취평가제

OECD 데세코 프로젝트(DeSeCo project)에서는 학생에게 필요한 미래 핵심역량을 발표한 바 있다. 그것은 일반적으로 다양한 현상이나 문제를 효율적이고 합리적으로 해결하기 위해 학생에게 요구되는 지식, 기능, 태도의 총체를 말한다. 핵심역량은 '자율적으로 행동하는 능력, 도구를 상호작용적으로 활용하는 능력, 사회적 이질집단에서 상호작용하는 능력' 등으로 제시되었다. 우리나라도 이러한 시대적 흐름을 인식하고 2015 개정교육과정을 통하여 '자기관리역량, 지식정보처리역량, 창의적 사고역량, 심미적 감성역량, 의사소통역량, 공동체 역량' 등을 미래 핵심역량으로 명시하였다.

성취평가제는 2015 개정교육과정과 연계된 새로운 평가 방식으로 국가 교육과정에 근거한 성취기준을 토대로 교수·학습이 이루어지고, 성취기준에 따라 학생의 학업 성취 정도를 평가하는 제도이다. 이 제도는 4차 산업혁명시대의 창의인성교육 여건을 조성하여 학생의 잠재력과 소질을 발현시켜 미래 핵심역량 강화를 목적으로 하고 있다.

'중등학교 학사관리 선진화 방안에 기반하고 있는 성취평가제는 기초교과, 탐구교과, 생활교과의 일반 및 심화과목은 A-B-C-D-E로, 체육, 예술교과의 일반과목은 A-B-C로, 교양교과와 기초교과의 일반과목은 P로 표시한다. 이는 서술형 평가 및 수행평가 내실화로 평가방법의 질적 혁신을 도모하고 교과별 성취기준과 성취수준을 개발하여 학교급별, 교과별 특성에 따라 단계적으로 도입·시행하게 된다.

성취평가제는 진정한 의미의 학업성취 정도를 효과적으로 파악할 수 있어 학생이 무엇을 알고, 무엇을 할 수 있는지에 대해 구체적 정보를 제공할 수 있다. 이러한 정보는 교육방법 개선을 위한 실질적 자료를 제공해주며 경쟁을 지양하고 배려와 협력을 장려하게 된다. 뿐만 아니라 인간의 재능은 교육을 통해 개발할 수 있다는 발달적 교육관에 근거할 때 고등정신능력을 배양하기에 충분하다. 특히 미래 핵심역량을 함양하는 수업방식을 활성화하여 토론식 수업, 협동학습, 프로젝트 수행 등 다양한 협력적 교수·학습 방법을 도입하게 되는 계기를 마련하였다.

비고츠키에 의하면 협력은 인간적 혹은 교육적인 면보다는 가장 효과적 학습과정으로써 바람직하다. 그는 도덕적 차원이 아닌 '발달'의 차원에서 '협력'을 중시하였으며, 올바른 발달을 위한 관건이자 과정임을 강조한다. 또 인간 발달은 사회적 상호작용을 통해 이루어지는 것으로 인식하고 크게 두 가지로 나눈다. 이는 교사 및 성인과의 상호작용 그리고 동료, 또래집단과의 상호작용으로 모두 협력이 중요한 역할을 수행하게 된다.

기존 경쟁 중심의 상대적 서열에 의한 평가는 학생의 정확한 성취수준을 파악하기 힘들다. 성취수준에 대한 정보가 부족하여 교수·학습에 대한 피드백이나 학생의 잠재력과 소질을 발현시키기 어렵다는 한계가 있다. 따라서 결과 중심 평가를 지양하고 2015 개정교육과정과 연계된 과정 중심의 성취평가제를 학교 현장에 안착시켜 새로운 대입전형을 위한 평가 방안을 모색하는 작업이 시급하다.

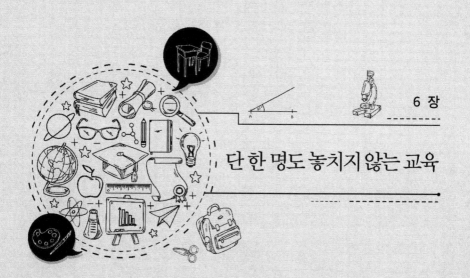

6 장

단 한 명도 놓치지 않는 교육

학습동기 유발 전략

우리나라 학생의 학습태도에 대한 우려의 목소리가 높다. 학생의 학업성취도는 높으나 학습에 대한 자신감, 동기 부여력, 흥미도 등이 저조하기 때문이다. 이것은 자기주도적 학습보다는 학원을 통한 과도한 선행학습이나 설명식 학교수업으로 수동적 학습태도에 길들어졌기 때문이라는 의견도 없지 않다.

동기란 개인의 어떤 행동을 유발시키는 원동력이라 할 수 있다. 학습동기는 이러한 동기의 일종으로 학습자가 어떤 과제를 수행하려는 의지나 신념이다. 학습동기를 내재적, 외재적 동기로 이분할 때, 내재적 동기는 학습자의 흥미, 요구, 경험 등에 호소함으로써 학습 활동 그 자체에 즐거움이나 보람을 주는 방법이다. 그것은 호기심, 성취의욕, 동일시, 지적 희열 등에서 비롯되며 학습자가 자체적으로 유발시켜 장기간 지속되는 특징을 지닌다.

외재적 동기는 인위적으로 학습자의 동기를 일으키는 방법이다. 그것은 상과 벌, 경쟁과 협동, 성공과 실패, 학습결과 제시, 금지와 장려 등에서 비롯되며 타인이 유발시켜 단기적으로 지속되는 특징이 있다.

학습동기는 학습자가 의욕을 갖고 적극적으로 학습 활동을 진행하는 힘이 된다. 학습동기는 학업 성취와 밀접한 연관성을 가져 학습자의 자기주도적 역량을 강화시킨다. 학습동기 유발 방법으로 켈러의 동기 이론인 '주의, 관련성, 자신감, 만족감' 등을 제시해 볼 수 있다.

주의는 학습자의 관심을 끌거나 호기심을 자극하는 방법이다. 다양한 교수매체를 활용하여 감각을 자극하거나 재미있는 내용의 질문을 하여 졸고 있는 학생까지 깨우게 한다. 설명하기, 토론, 질문하기, 의견 묻기 등의 교수·학습 방법을 활용하여 어떻게 하면 학습 경험을 자극적이고 재미있게 할 수 있을까를 중시한다.

관련성은 학습자의 과거나 미래와의 연관성을 중시한다. 학습자의 특성을 분석하여 과거 경험이나 관심사의 고리를 찾고, 학습 경험이 어떤 측면에서 학생들에게 가치가 있을까를 생각해 본다.

자신감은 학습자 스스로 성공할 수 있다고 믿는 의지나 신념이다. 수업에서 작은 성공 경험이라도 깨닫게 하여 학습자의 자신감을 길러 사기를 북돋워 준다. 이러한 토대에 학습자 개개인의 능력이나 수준에 맞는 과제를 제시하여 성공적 수업을 이끌어 낸다.

만족감은 학습자가 열심히 공부한 후에 느끼는 뿌듯함 같은 지극히 개인적 느낌이다. 그것은 과대평가나 과소평가보다는 정당하고 공정한 평가 제공이 중요하며, 학습자가 지속적으로 학습할 수 있도록 도와주게 된다.

이처럼 학습동기 유발은 자기 효능감에 영향을 미쳐 학업 성취를 가능하게 한다. 아울러 학습자의 학습 흥미와 밀접한 연관성을 지니며 과제에 몰입시키는 긍정적 효과를 만든다. 교사는 교수·학습 상황에서 학습자가 과제에 몰입할 수 있는 동기유발에 많은 비중을 두어야 한다. 이러한 분위기는 학습자의 학습동기를 유발시켜줄 뿐만 아니라 자기주도적 학습을 가능하게 하여 학업성취를 달성하는 본바탕이 되는 것이다.

자아효능감 향상을 위하여

 춥고 지루했던 긴 겨울 방학이 끝나고 새로운 학기가 시작되었다. 학년이나 학교가 바뀌어 설레는 학생도 있겠지만 초등학교 1학년 코흘리개에게 학교란 신비로움 그 자체일 것이다. 학생의 발걸음은 가볍고 생동감이 넘쳐 보인다. 하지만 이들을 바라보는 부모의 마음은 편한 것만은 아니다. 내 아이가 새롭게 변화된 환경에 잘 적응할 수 있을 지에 걱정이 앞선다.

 내 아이를 누구보다도 훌륭하게 키우고 싶은 것이 부모의 솔직한 마음이다. 이러한 맘이 자아효능감을 자극하여 학업 성취를 높이지만 과도한 경우 갈등을 조장하기도 한다. 자아효능감이란 어떤 행동에 대하여 얼마나 성공적으로 수행할 수 있을지에 대한 개인의 신념이나 기대를 의미한다. 자아효능감의 토대가 되는 자아개념을 형성하는 데에는 양육방식, 또래의 영향, 성공과 실패의 경험 등이 중요하다. 부모의 양육방식이 학생의 자아개념을 조형하는 데 결정적 역할을 하는 것으로 알려져 있다. 부모의 따뜻한 손길이 긍정적 자아개념을 형성하지만 가정적 결손은 자아개념을 부정적으로 변화시킨다. 그리고 다양한 수행에 있어서 또래와 비교나 그들이 내리는 평가는 자아개념에 영향을 미친다. 아울러 자신에 대한 다른 사람의 평가 경험 즉, 성공과 실패의 경험에 의해서 자아개념은 긍정적 혹은 부정적으로 변화되기도 한다.

김아영 교수는 학생들의 자아효능감을 높일 수 있는 몇 가지 방법을 제시하고 있다. 먼저, 성취에 대해서만 아니라 시도한 것에 대해서도 학생을 존중하고 수용하며, 학생을 위해서 물리적, 심리적으로 안전한 분위기를 만든다. 다음으로, 자기 자신의 개인적 편견과 기대를 인식하도록 하고 학생이 자신의 성취를 평가하는 것을 배우도록 돕는다. 또, 자기비판, 인내, 자기보상 등을 위한 적절한 방법을 시범보이고 파괴적 비교와 경쟁을 피한다. 학생이 스스로 이전 성취 수준과 경쟁하도록 장려한다. 그리고, 어떤 일에 대한 자신의 반응에 대해 책임지도록 권하고 학교에서 지지 그룹 또는 공부 친구를 설정하고 어떻게 서로 배려하고 격려하는지를 가르친다. 마지막으로, 학생이 명백한 목적과 목표를 설정하도록 돕는다. 목표에 도달하기 위해 자신이 갖고 있는 자원을 어떻게 사용할지에 대해 궁리한다.

가정이나 학교에서 학생들에게 자아효능감을 높여주는 일보다 중요한 것도 없다. 자아효능감과 학업성취는 상호작용을 하여 긍정적 자아효능감은 좋은 학업성취를, 좋은 학업성취는 긍정적 자아효능감이 형성되도록 돕는다. 장기간의 성공과 실패는 자아효능감에 큰 영향을 미친다. 초등학교 저학년 때는 학업성적이 자아개념 영향을 미치지 않으나 학업에 대한 성공과 실패의 경험이 장기적으로 지속되면 자아효능감이 긍정적 또는 부정적으로 굳어지게 된다. 긍정적 자아효능감을 높이기 위해서는 학생에게 저학년부터 성공적 학습경험을 할 수 있도록 도와주어야 한다. 이러한 자아개념 개선 전략으로 학교생활과 학습에 보다 자신감을 가질 수 있다.

자아효능감 향상은 학생뿐만 아니라 교사에게도 중요하게 작용한다. 교사의 자아효능감은 자신의 역량이 학생들의 학습을 도울 수 있다는 개인적 믿음에 의지하고 있다. 자아효능감이 낮은 교사는 어려움을 겪는 학생에게 인내심을 가지지 않거나 개인적 노력을 게을리한다. 반면에 자아효능감이 높은 교사는 끈기를 가지고 학생의 성공을 돕고 성취의 중요한 예측지표 역할을 수행하게 된다.

최상의 성취도, 최하의 흥미도

우리나라 학생의 학업 성취도는 세계 최상이지만 흥미도나 자신감은 최하 수준이라는 것은 잘 알려져 있다. 이러한 사실은 최근 한국보건사회연구원에서 조사한 우리나라 학생의 학업 스트레스가 세계에서 가장 높은 수준이라는 분석결과와 무관하지 않다.

미래학자 다니엘 핑크의 저서 『드라이브-창조적인 사람들을 움직이는 자발적 동기부여의 힘』은 우리 교육계에 시사하는 바가 크다. 그가 말하는 동기 1.0은 생존을 위해 고군분투하던 생물학적 충동의 시대, 동기 2.0은 보상을 추구하고 처벌을 피하려는 욕구의 시대를 의미한다. 동기 3.0은 이전 버전의 한계를 극복하는 새로운 동기부여의 시대적 패러다임으로 개인의 의지를 존중하고 성취욕을 강조하는 시스템이다.

다니엘 핑크의 동기 3.0에서 우리나라 학생의 저조한 학습 흥미도를 향상시킬 수 있다는 희망을 찾을 수 있다. 그것은 몰입력과 내적동기 및 자기결정성 등으로 분류된다.

학생들에게 몰입력을 길러주는 것이다. 몰입은 모든 잡념이나 방해물에서 벗어나 자신의 정신을 한 곳에 집중시키는 것을 의미한다. 미하이 칙센트미하이는 몰입을 하면 '물 흐르는 것처럼 편안한 느낌, 하늘을 날아가는 자유로운 느낌'이 든다고 하였다. 아울러 몰입은 성취의 원천으로 우리에게 자부심과 희열, 집중과 적극성을 이끌어 내게 하는 원동력이 된다. 이것을 통하여 내면적 즐거움과 진정한 행복감을 느끼게 되며, 학습에 대한 강한 열정을 이끌어 낼 수 있다는 것이다.

학생들에게 내적동기를 길러주는 것이다. 내적동기란 학생 스스로 추진력을 가지고 학습을 하는 힘이다. 그것은 신념, 기대, 자아개념과 같은 사고방식인 인지와 화, 기쁨, 싫음, 슬픔, 흥미와 같은 정서로 나누어진다. 내적동기는 외재적 목적이나 보상 없이 과제 자체에 대한 흥미와 수행에 수반되는 즐거움 및 만족을 얻기 위해 행동하는 동기이다. 일반적으로 학습동기는 내적·외적 조건에 의해 유발될 수 있지만, 외적동기는 내적동기에 비해 강도가 약하다. 학생들의 성장에 맞추어, 그들의 내적동기를 발달시켜야 지속적 학습이 가능해진다.

학생들에게 자기결정성을 길러주는 것이다. 자기결정성은 스스로 선택하고 결정을 내리는 것으로 새롭고 탐구적이며 도전적인 것을 추구하는 능력을 말한다. 자기결정성은 유능감, 자율성, 관계성과 연관성을 지닐 때 내적동기가 높아지는 경향이 있다. 유능감은 환경에서 효과적으로 기능을 발휘하려는 능력, 자율성은 자신의 소망에 따라 독립적으로 결정하는 능력, 관계성은 타인과의 긴밀한 정서적 유대와 애착력 등을 의미한다. 데시와 라이언의 말처럼 인간은 외부적인 통제보다 스스로 결정한 것에 더 큰 힘을 발휘하고, 더 높은 성취감과 만족감을 느낀다. 따라서 자율적 선택이 학생의 맘을 움직여 행동하게 하는 동기를 강화하고, 즐거움을 제공하여 탁월한 성과를 만들어 내는 것이다.

위에서 언급한 것처럼 우리는 학생들에게 몰입력과 내적동기 및 자기결정성 등을 키우는 노력을 아끼지 말아야 한다. 학생의 학업 흥미도가 세계 최하위를 면치 못하는 상황에서 학업 성취도가 아무리 높은들 무슨 소용이 있겠는가. 교육만큼은 경제논리 중심의 근시안적 사고방식에서 벗어나자. 몰입력과 내적동기 및 자기결정성은 인문학을 통하여 길러질 수 있다. 생텍쥐페리의 말처럼 바다를 그리워하게 만들면 굳이 가르치지 않아도 스스로 고기를 잡으러 갈 것이기 때문이다.

장기기억 속의 지식들

　학습은 경험을 쌓은 결과가 지속되는 행동의 변화와 효과를 가지게 되는 과정을 의미한다. 이러한 학습이 이루어지는 요인이 무엇인지를 설명해 주는 것을 학습이론이라 이른다. 학습이론에는 크게 고전적 조건형성 이론, 조작적 조건형성 이론, 인지적 학습 이론 등으로 분류할 수 있다. 고전적 조건형성 이론은 어떤 자극에 대한 반응이 다른 자극으로도 동일한 반응이 일어날 수 있다는 것을 설명한다. 조작적 조건형성 이론은 어떤 행동이 지속되거나 중단되는 것은 행동에 보상이 있느냐 없느냐에 달려있다는 이론이다.

　그러나 인지적 학습이론은 두 이론을 비판·발전시켜 학습은 자극-반응의 관계가 아니라 개인의 인지와 성격에 관련된 과정으로 본다. 그것은 인간을 능동적 학습자로 인식하고 학습을 지식의 구성과정으로 보아 정보를 선택·조직하여 지식을 구성하는 정신구조와 과정에 관심을 둔다. 따라서 학습자는 정보를 있는 그대로 기억 속에 기록하기보다는 자신에게 의미 있는 지식으로 구성한다. 아울러 선행지식이 지식의 구성에 영향을 미치고 강화는 행동의 결과에 대한 정보를 제공하게 된다.

인지적 학습이론은 작업기억을 장기기억으로 전환시키는 작업에 많은 비중을 두고 있다. 작업기억은 단기기억 과정으로 정보를 능동적으로 처리하나 단어나 소리, 시각정보, 공간정보를 일시적으로 저장한다는 한계를 지닌다. 그것은 청킹(의미덩이 만들기), 자동화, 이중부호처리 등의 장기기억에 저장시키는 것으로 극복될 수 있다.

장기기억은 영구적인 정보보관소로 그 용량은 무한정적이며 영속적이다. 장기기억 속에 저장된 지식은 도식들로 조직되며 이들은 서로 연관을 맺으면서 체계적 네트워크를 형성한다. 이러한 장기기억 속의 정보를 탐색하여 작동기억 속으로 가져오는 인출을 원활하게 위해서는 사전지식과의 복잡한 연계를 구축해야할 필요가 있다. 장기기억 속의 사전지식과 새로운 지식을 연결하거나 연합할수록 인출이 쉽게 발생한다. 그리고 이해한 정보나 기술을 지속적으로 학습하거나 연습하여 자동화 수준에 이르게 하여 빠르게 인출할 수 있도록 하는 완전학습이 필요하다. 끝으로 반복적 연습이나 기억술을 활용할 때 장기기억에서 정보를 인출하는 과정이 용이해진다.

학교 현장에서 이러한 학습이론을 교수·학습 전략으로 활성화시킬 수 있다. 먼저, 학생들이 수업에 주의를 기울이게 만들어 중요한 내용과 중요하지 않은 내용을 구분하고 가장 중요한 정보에 집중하도록 한다. 그리고, 학생들이 새로운 정보와 이미 알고 있는 내용을 연결시킬 수 있도록 도와준다. 또, 정보를 반복해 주고 복

습시켜주며 자료를 분명하게 조직적으로 제시한다. 끝으로, 암기
보다는 의미를 이해하도록 강조하여 새로운 단어를 가르칠 때 학
생들이 그것을 이미 알고 있는 관련단어와 연합하도록 도와준다.

이처럼 학습이론은 교수·학습에 대한 효율성을 토대로 학생들의
학습 부담을 최소화하는 데 그 목적이 있다. 그래서 학생 중심의
교육이 이루어져야 최대의 효과를 얻을 수 있게 된다. 학생이 긍정
적 자아 개념을 갖고 신념, 태도, 가치를 분명히 의식하여 행동하도
록 도와주는 촉진자로서 교사 역할이 절실히 필요하다.

학교폭력에 관한 단상

공격은 타인에게 혐오스러운 자극을 고의적으로 하는 행동을 말한다. 공격 중에서도 신체적 공격행위 등 불법적인 방법으로 행사하는 물리적 강제력이 폭력이다. 폭력은 고의성을 지닌다는 의도성과 피해자가 기피할 것이라는 예측성의 인지적 요소가 포함된다.

폭력은 심리학적으로 3가지의 이론적 입장이 있다. 그것은 프로이트의 '본능설'과 달라드의 '욕구불만·공격설', 반두라의 '사회 학습설' 등으로 정리된다. 최근 학교폭력은 반두라의 이론과 가장 밀접한 연관성을 지닌다. 학교폭력은 사회 속에서 학습되고, 익히고, 유지되는 사회 행동적 특성을 보인다. 타인이나 미디어를 통하여 학습된 공격행동은 강화되고 유지되는 성향이 있다.

학교폭력은 학교의 역사와 함께 맥을 이어왔을 것으로 짐작된다. 그렇지만 최근에 발생한 부산 여중생 집단 폭행과 강릉 여고생 사건은 생명 경시의 극단적 모습을 보였다. 이처럼 학교폭력은 조직화되고 잔인한 양태를 보여 결국 피해자가 극단적 선택을 한다는 것이 문제이다. 폭력이 없는 학교에서 학생 모두가 행복한 학교생활을 영위할 수 있는 적절한 대처 방안을 모색하고자 한다.

학교 내에서 담임교사의 역할이 가장 중요하다. 교사의 꽃으로 불리는 담임은 학급 운영을 책임지며 학급에서 발생하는 모든 일을 숙지하고 있어야 한다. 담임교사의 학급 운영 방식이 학생의 생활 습관 형성, 인격 도야, 인생관 확립, 자아실현, 진로 선택 등에 많은 영향을 미친다. 담임은 학생 개개인의 특성을 파악하고 학급에서 생긴 갈등을 해결하는 능력이 있어야 한다. 이를테면 학급 모둠일기로 학생 개개인의 생각이나 교우관계를 파악하고, 담임 부재 시 발생하는 사안을 확인하는 자료로 활용할 수 있다.

학부모의 자녀에 대한 적극적 관심이 요청된다. 학생과 학부모가 만날 수 있는 시간이 부족하다 보니 대화할 시간조차 만들기 어려운 것이 현실이다. 예전엔 밥상머리 교육을 통하여 자녀에게 인성교육을 시킬 수 있었지만, 오늘날은 가족이 함께 식사하기도 어렵다. 대안으로 밥상머리 교육을 가정으로만 한정하지 말고 학교와 함께 고민해 보는 것도 좋겠다. 학교 자체적으로 아버지 학교를 운영하거나 학부모와 자녀가 함께 밴드나 합창단을 조직할 수 있다. 또 아버지회 중심의 학생 지킴이 활동도 본받을 만한 사례가 되겠다.

또래집단에게 학교폭력을 예방하거나 피해 학생을 위로하는 역할을 맡겨볼 수 있다. 한 설문에서 폭력을 보고도 모르는 척한다는 학생이 60%에 이르는 것으로 조사되었다. 따라서 폭력을 목격했을 때 말리거나 교사나 학부모에게 알려주는 역할이 매우 중요하다. 원활한 역할 수행을 위해서 폭력 상황을 다른 사람에게 알리는 것이 고자질이 아니라 정의로운 일이라는 인식을 심어주어야 한다. 학급별로 급우의 신임을 받는 학생 2~3명 정도를 선발하여 기본적인 교육을 시키고 또래 폭력 해결사 활동을 맡겨보는 것이다.

정부는 학교폭력에 대한 지속적이고 일관성 있는 제도적 장치를 모색하고 즉각 실천에 옮겨야 한다. 우리는 어떤 사건이 발생할 때만 관심을 가지며 일시적인 해결책만 제시하고 마는 행정을 여러 번 경험했다. 학교폭력은 학교가 존재하는 한 지속될 수밖에 없는 현상이므로 면밀하게 분석하여 장기적 대응책을 마련해야 한다. 입시 위주의 무한경쟁보다는 저학년에서부터 인성교육을 철저하게 시키고 함께 더불어 살아가는 교육적 풍토를 조성하는 것이 시급하다.

학교폭력은 학교라는 한정된 공간에서 일어나는 특별한 현상이 아니다. 학교도 엄연히 사회의 일부분으로써 사회에서 목격되는 모든 사건이 발생할 가능성을 내포하고 있다. 때문에 학교폭력은 교사나 학부모, 학생 등 한 개인이나 단체의 책임으로 전가할 일이 아니다. 우리 사회 모든 구성원의 지속적 관심과 근본적 대책을 마련할 때 학교는 폭력에서 벗어나 본연의 기능을 충실히 수행할 수 있다.

학교폭력과 선비정신

여름방학을 마치고 개학하자마자 태풍 볼라벤과 덴빈이 기다렸다는 듯이 지나갔다. 그러나 학교에는 여전히 '학교폭력'이라는 태풍이 도사리고 있다. 2학기 시작과 동시에 학교폭력 실태 온라인조사를 실시하고 있는 것이다. 그것은 학교나 학교 밖에서 발생한 학교폭력 관련 경험과 학교폭력에 대한 학생의 인식을 조사하는 것에 목적이 있다.

이미 2012년 3월 초부터 교육부 훈령 학교생활기록부 기재 원칙에 근거해 학교폭력자치위원회에서 결정되는 가해학생 조치사항을 기록하기로 한 바 있다. 이러한 조치에 따라 전국 대부분의 교육청에서는 가해학생 조치사항을 기록하고 있으나 경기·전북·강원도교육청 등은 학교폭력 학생부 기재를 거부해 교육부와 갈등을 빚기도 하였다.

폭력이 인류 문명의 탄생과 같이해 왔다면 학교폭력은 학교의 역사와 함께해 왔다고 하겠다. 그렇더라도 학교폭력이 점차 조직화되거나 잔인화된 양상을 보인다는 점에서 심히 우려스럽다. 이러한 상황에서 선비정신은 학교폭력을 예방하고 극복할 수 있는 대안이 될 수 있다.

선비의 개념을 유교에서 그 기원을 찾는 경우가 있으나 문헌에 의하면 단군을 최초의 선비로 규정한다. '선비'라는 어휘는 고대의 무교에서 출발했으며, 고조선 때부터 내려온 고유 언어이다. 『삼국사기』에서는 단군을 '선인(先人, 仙人)'으로 기록하였으나 선비와 선인은 같은 말로 볼 수 있다.

고구려에서는 국중 행사인 무술, 가무, 사냥 등에서 우수한 자를 선인이라 했으며 신분의 귀천을 따지지 않고 학문과 기술로 그 지위를 얻었다고 한다. 신라의 화랑도는 심신을 도야하고 진리를 탐구하고 일상생활의 규범, 전통, 각종 의식에 관한 교육, 군사 훈련 등을 받았다. 고려의 선랑은 사찰에서 학문을 닦는 청소년 중에서 인물이 가장 뛰어난 사람을 가리킨다. 이처럼 고구려의 선인, 신라의 화랑도, 고려의 선랑은 선비의 맥을 이어왔다고 할 수 있다.

선비는 사전적으로 옛날에 학식은 있으나 벼슬하지 않은 마음이 어질고 순한 사람을 비유하는 말로 정의된다. 그러나 지식만 많다고 선비가 되는 것은 아니다. 선비는 학문과 인격을 함께 갖춘 지식인으로 자신보다 타인의 이익을 위해 봉사하는 사람이었다.

이와 같은 선비가 지녔던 고귀한 가치관이 우리의 정신세계를 주도해 온 선비정신이다. 이들은 인격 완성을 위하여 끊임없이 학문을 연마하고, 대의를 위해서는 목숨까지 버릴 수 있는 지조와 절개가 있었다. 그들은 말과 행실이 일치하였으며, 현실적 이해관계에 연연하지 않고 불의를 보면 끝까지 저항하는 모습을 보였다. 관직을 수행하면서 자신의 신념에 어긋날 때는 왕뿐만 아니라 어떤 사람에게도 뜻을 굽히지 않고 직언을 하였다.

우리는 학생들에게 선비들의 '억강부약, 외유내강, 극기복례(抑强扶弱, 外柔內剛, 克己復禮)' 정신을 가르칠 필요가 있다. 이 말은 '강한 자를 누르고 약한 자를 부추기며, 겉으로는 부드러워 누구에게나 잘 대해 주고 예의 바르지만 속으로는 강하고 심지가 곧으며, 이기심과 욕망을 이겨내고 예로 돌아가서 모든 사람을 공경하고 공생하자'라는 의미를 지닌다.

선비정신은 일제강점기를 지나오면서 그들의 지배윤리로 부정적 측면이 부각된 경향이 없지 않다. 해방 이후에는 근대화 혹은 서구화되면서 수평적 가치관의 팽배로 많은 부분 그 의미가 퇴색되었다. 이러한 의식은 선비정신의 참모습을 제대로 인식하지 못한 결과라 하겠다.

분명 선비정신은 21세기 현대를 살아가는 우리의 정신세계를 주도할 수 있는 개념으로 모자라지 않다. 따라서 선비정신은 학교폭력을 예방하고 극복하는 대안으로 자리매김하기에 충분하다. 우리는 학생들에게 선비정신의 깊은 뜻과 억강부약, 외유내강, 극기복례의 정신을 심어 주어야 한다. 그리할 때 그들은 남과 나의 조화를 중시하여 함께 더불어 살아가는 폭력 없는 세상을 만들 수 있을 것이다.

역사교과서, 어디로 갈 것인가

　2015 개정교육과정 고시로 중·고등학교 역사교과서의 국정화 전환문제가 논란의 대상이 되었다. 2017년부터 적용할 교과서 발행방식을 국가가 발행하는 국정으로 갈지, 기존처럼 민간이 다양하게 만들면 국가가 심의·승인해주는 검정으로 갈지가 핵심이다.

　우선, 역사교과서 발행방식 논란의 찬반입장은 다음과 같다. 역사교과서 국정화를 찬성하는 측은 교실에서 배우는 역사를 한 가지로 권위 있게 또 올바르고 균형 있게 가르치는 것은 국가의 의무이며 책임이라는 입장이다. 반면에 반대하는 측은 역사교육의 본질을 위배하여 역사적 상상력과 문화적 창조력을 위축시키고 민주주의를 퇴보시키는 국가적 수치라는 것이다.

　다음으로, 역사교과서 국정화 논란이 어떻게 진행되어야 하며 지향점은 어디인지를 모색하고자 한다.

　역사교과서 집필자격을 강화하고 집필자 숫자를 늘려 올바르고 균형 잡힌 교과서를 만들어야 한다. 기존처럼 같은 생각, 같은 이념을 가진 동종끼리 모여서는 이종교배만큼 우수한 종류의 교과서를 만들 수가 없다. 교과서를 심의·검정하는 방식에 대해서도 국가 정체성 확립이나 이념의 편향성을 철저하게 검정해야 한다.

역사교과서 발행 방식을 놓고 좌우로 대립하거나 보수진보로 편을 갈라서도 안 된다. '이념이 다른 학자와 밥도 같이 먹지 않는다, 한쪽으로 치우친 이념을 가진 학자가 90% 넘는다.'라는 말이 널리 회자되고 있다. 이로보아 소통연찬회, 대토론회를 통하여 허심탄회하게 소통할 수 있는 대화의 기회를 마련하는 것이 필요하다.

역사교과서 발행방식을 정치인이 중심이 되어 진행되어서는 곤란하다. 역사교과서는 정치적 영역이 아니라 학계나 교육계의 몫이라는 것은 다 아는 사실이다. 학계나 교육계가 역사교과서 발행에 주도적 역할을 해야 한다. 정치인이 개입된 역사교과서 발행은 학계 분열과 국민 분열이라는 또 다른 후폭풍을 만들어 낼 수가 있다.

검인정으로 발행되던 역사교과서를 국정화 발행방식으로 변경하려면 우선 국민적 합의부터 도출해 내어야 한다. 그러한 과정 없이 위에서부터 아래로 진행되는 듯한 모양새를 보여주는 것은 민주주의 방식이 아닐 뿐만 아니라 국민적 공감대를 이끌어 내거나 정당성을 확보하기가 어렵다.

처음부터 역사교과서 발행방식을 놓고 국정 대 검인정이라는 이분화된 사고는 흑백논리의 오류에 빠질 수밖에 없다. 국정화를 주장하면 검인정이 반대할 것이고, 검인정을 주장하면 국정이 반대할 것이기 때문이다. 따라서 국정 검인정의 이분화된 발행 방식을 벗어나 국민적 대통합을 이루어 제대로 된 올바르고 균형 잡힌 교과서를 발행해야 한다.

에드워드 카는 자신의 저서 『역사란 무엇인가』에서 '역사란 과거와 현재의 끊임없는 대화'라고 말했다. 이미 지나간 과거의 역사가 현재와 미래의 역사를 만들어내기 때문에 그것은 우리가 사는 시대를 보여주는 거울이나 마찬가지이다. 교과서는 학생이 배우는 교재로서의 역할을 수행해야 하지만 현실적으로 어렵고 너무 많은 과제를 떠안고 있다.

학생이 창의적 사고를 지닌 민주시민으로 성장하려면 다양한 가치를 접하고 비판적으로 탐구하는 자세가 필요하다. 따라서 역사교과서는 특정이념에서 벗어나 균형 잡힌 역사인식과 국민적 대통합을 달성할 수 있도록 집필되어야 할 것이다.

창의·인성 교육에 대하여

리얼리즘은 19세기 말에서 20세기 초 국가 자본주의를 반영하고, 모더니즘은 20세기 초부터 20세기 중반의 제국적 자본주의를 반영한다면, 포스트모더니즘은 20세기 후반 다국적 자본주의 시대를 반영하는 문화교육 논리이다. 그렇다면 사이버리즘(Cyberism)은 20세기 후기 포스트모더니즘에서 시작하여 21세기를 관통하며 디지털시대 현실을 반영하는 문화교육 이론인 것이다.

사이버리즘으로 대표되는 디지털시대에 창의성과 인성은 금과옥조처럼 여긴다. 실제로 1960년 이후 창의성은 국가적 차원의 인재 육성의 개념으로 인식되어 왔다. 그것은 지식이 많으면 창의성도 높다는 지식 창의성 교육으로부터 출발하였다. 하지만 지식의 암기가 창의성을 억압한다는 비판적 대안으로 창의성 교육이 등장한다.

창의성은 새로운 생각이나 개념을 찾아내거나 기존에 있던 생각이나 개념을 새롭게 조합해 내는 것과 연관된 정신적이고 사회적인 것으로 규정된다. 또 의식적이거나 무의식적 통찰에 힘입어 새로운 무엇을 만들어 내는 것이다. 인성은 사전적으로 사람의 성품혹은 각 개인이 가지는 사고와 태도 및 행동 특성을 의미한다. 인간을 인간답게 하는 인간의 본질 및 본성으로 야만적 인간과 구별되는 덕(德)과 교양을 갖춘 인간을 뜻하기도 한다. 창의·인성교육은교육부가 2009년 '창의·인성 교육 기본 방안'을 발표하면서 관심의대상이 되었다. 기존 창의성 교육성과를 바탕으로 인성교육을 연결시켜 창의성과 인성을 겸비한 인재를 육성하겠다는 야심찬 교육전략이다.

창의·인성 교육은 이미 선진국을 중심으로 다양한 프로그램이개발되었다. 미국은 2007년 경쟁력위원회의에서 창의적이고 첨단적 재능의 활용 극대화를 제시하였다. 창의성을 교육 목표로 하여초등학교 때부터 수준별 수업을 진행하고 지역사회 및 민간 주도로 종합적인 인성교육 프로그램을 개발하였다. 영국은 2000년부터창의성을 국가 교육과정의 중요 목표로 강조하고 기존 수업방식에서 활용 가능한 실용적 창의성 교육 자료를 개발하였다. 중·고등학교에 해당하는 교육과정에는 범교과 항목으로 인성교육 내용을 명시하고 있다. 일본은 유토리 교육을 폐지하고 학력증진에 중점을두면서 인간성, 사회성 함양을 위한 인성교육 병행을 추진하고 아침독서 권장, 감성교육 확대 등을 추진하였다.

우리나라도 창의·인성 교육 강화를 위해 교과 활동과 창의적 체험 활동 시간 등에 다양한 프로그램을 개발하고 있다. 이러한 프로그램은 타인을 배려하고 함께 더불어 살면서, 미래를 개척하고발전할 수 있는 능력 함양에 초점을 맞추고 있다. 아울러 포괄성,

종합성, 미래지향성, 동시성 등을 기본 개념으로 설정하고 실천 방안을 제시하였다.

우선, 유아교육은 바른 생활습관 형성과 놀이 위주의 체험 활동으로 내실화하고 중·고령 인력 등 다양한 자원을 활용한다. 그리고, 초·중등학교의 교과 활동을 미래 인재로서 필요한 전문지식 습득과 창의성과 인성을 함양하는 시간으로 이용한다. 또, 개정교육과정에 도입되는 창의적 체험활동을 활성화하고, 학교생활기록부 기록 등 포트폴리오 관리를 강화하여 내실 있는 운영을 도모한다. 끝으로, 대학의 사회봉사와 참여를 활성화·제도화하여 봉사하는 리더십을 배양하고 대학과 대학생의 역량을 활용하여 배려와 나눔의 교육을 실천한다.

이상과 같은 창의성과 인성 함양은 바람직한 교육의 차원을 넘어서 미래 사회의 개인과 국가 생존과 직결되는 문제라는 지적에 이견이 있을 수 없다. 그렇더라도 그것이 관주도로 선언적 보여주기 교육의 일환이 되어서는 곤란하다. 창의·인성교육이 개인의 흥미, 재능, 역량, 가치관 및 비전 등을 살려서 국가와 세계에 가치 있는 인재를 육성할 수 있길 바란다.

행복을 여는 진로교육

정부는 2014년 신년기자회견에서 스위스식 도제직업학교 즉, 일과 학습을 병행하는 새로운 학교 도입을 발표하며 진로교육의 중요성을 역설한 바 있다. 교육부 장관도 신년사에서 인성교육과 진로교육을 특별히 강조하였다. 학생 개개인의 꿈과 끼를 살릴 수 있는 행복교육을 실현하고 창의적 인재를 양성하여 능력 중심사회를 구현하겠다는 의지를 밝혔다.

전면 시행되고 있는 자유학기제는 학생의 꿈과 끼를 키워 진로탐색 중심의 행복교육을 실현한다는 취지로 도입되었다. 자유학기제는 중학교 교육과정 중 한 학기 동안 학생들이 시험부담에서 벗어나 꿈과 끼를 찾을 수 있도록 진로탐색 활동 등 다양한 체험 활동이 가능하도록 운영하는 제도이다.

각 교육청은 주요업무계획에서 '행복을 여는 진로교육'을 중점 사업으로 지정한다고 발표했다. 진로교육 기본방향으로는 꿈과 끼를 키워주는 체험 중심의 다양한 진로교육 프로그램 운영 지원, 개인의 적성과 능력을 고려한 자기주도적 진로설계 역량 함양 등을 제시하였다. 이러한 사업을 실현하기 위하여 진로교육 활성화 여건 조성, 진로직업체험 활성화, 진로교육 참여 확대, 진로교육 지원체제 구축 등을 실천하겠다는 것이다.

교육청에서는 교육과학연구원 산하 꿈바라기 진로진학지원센터를 운영하고 있다. 센터가 교육청 및 학교 진로교육을 지원할 직업체험 및 진로진학상담 토대를 마련하고 있는 셈이다. 이곳에서는 체계적 진로직업체험을 통하여 학생들에게 스스로 즐기면서 꿈과 끼를 찾아갈 수 있는 진로성숙도를 고취시키고 있다. 이를 위해 지원센터 내 진로검사, 진로진학상담, 직업체험을 갖춘 꿈바라기 체험실을 구축하여 학교 진로교육을 지원하고 있는 것이다.

더구나 교육청은 각 지역에 진로진학 체험센터를 건립할 계획이라고 밝혔다. 체험센터에서는 초·중·고등학생을 대상으로 직업 체험 프로그램을 운영하고 직업인 초청 특강뿐만 아니라 학부모나 일반인을 대상으로 다양한 프로그램을 운영하고자 한다. 또 중·고교를 대상으로 진로교육 선도학교, 진로체험 중점학교를 공모하여 예산을 지원한다는 것이다. 후반기에는 진로 직업교육 종합 축제를 열어 학생의 꿈과 끼를 발현시켜 적성에 맞는 직업과 진로를 선택할 수 있는 기회를 제공할 예정이다.

이처럼 정부를 비롯하여 교육부 및 교육지원청 등 모든 관련기관이 학생의 진로교육에 집중하고 있음을 알 수 있다. 그 만큼 진로교육은 개인적 정서를 넘어선 한 시대의 보편적 정신세계를 지배하는 시대정신을 반영하고 있다고 해도 과언이 아니다. 우리는 학생들이 자신의 진로를 창의적으로 개발하여 자기주도적 진로역량을 발휘할 수 있도록 도와야 한다. 그들이 성숙한 민주시민으로서 행복한 삶을 영위할 수 있는 평생 진로교육 풍토가 조성될 수 있도록 관심과 애정을 가져야 할 것이다.

민주시민교육을 위한 단상

민주시민은 일상생활에서 나와 남의 인격을 존중하고, 공동생활에 책임의식을 갖는다. 합리적 기준에 의거하여 의사결정을 하고, 참여를 바탕으로 결정된 바를 성실히 실천하는 사람을 이른다. 이러한 민주시민의 육성은 우리나라 교육의 핵심목표라 할 수 있다. 하지만 경쟁 중심의 입시교육에 밀려 형식적이고 부차적으로 다루고 있는 것이 현실이다.

민주시민교육으로 지속가능한 미래사회를 이끌어 갈 핵심역량을 지닌 인재와 소통하고 배려하는 창의적 민주시민을 육성하게 된다. 따라서 교육청은 다음과 같은 활동을 지원하여 학교 현장에 민주시민교육이 착근될 수 있는 풍토를 조성해야 한다.

민주시민교육 활성화를 위한 지원 체계를 구축한다. 민주시민교육 초청 강연회와 찾아가는 맞춤형 컨설팅 지원, 우수 롤 모델학교를 지정·공유, 민주시민교육 교수·학습자료 개발·보급, 우수사례발표회 등을 실시할 수 있다. 교육과정에서 민주시민교육 교과목을 신설하여 수업시수를 확보하고 교육청 단위로 인정도서를 개발하여 단위학교에서 민주시민교육을 선택과목으로 개설하도록 권장한다. 또 다양하고 수준 높은 체험 중심의 민주시민교육을 추진할 수 있다.

학생들에게 참여와 실천을 통한 민주시민의 기본 역량을 강화한다. 학생공동체 대토론회 개최, 학교운영위원회의 학생 참여를 통한 참여와 소통 분위기 조성, 학생 자치 공간 확대 등을 추진할 수 있다. 학생자치를 활성화하여 학생들이 스스로 민주주의를 실천하도록 하고 공동체에 대한 책임의식을 함양시킨다. 아울러 교육과정과 연계한 관련 교과의 인권교육을 확대하여 인권 의식 함양 등 학생 인권교육을 내실화할 수 있다.

민주시민교육 역량 강화를 위한 교사 연수 및 연구 활동을 지원한다. 다양한 수업 모델과 토론수업형 수업지도안을 개발·보급하고, 민주시민 교사 동아리, 수업연구회, 실천사례연구대회, 민주시민교육 연구대회 등을 운영할 수 있다. 각종 교사 연수 시 학생들의 자율적 의사 결정과 실천 능력 배양을 지원할 수 있도록 민주시민교육 관련 내용을 포함시킨다. 또한 단위학교 수업개선연구팀 공모 시 민주시민교육 활성화를 연구 주제로 반영하는 것도 바람직하다.

지역사회 및 유관기관과 협력 체계를 구축한다. 단위학교의 민주시민교육 활성화를 위해 유관기관 또는 정부부처의 보다 전문적 프로그램을 활용하는 등 다양한 민주시민교육 관련 자원을 확보하는 것이 좋다. 민주시민교육에 대한 학부모 인식개선 연수, 학부모 아카데미를 운영하는 것도 필요하다. 아울러 소통담당보좌관제를 통하여 교육청과 시민의 원활한 소통으로 지역과 상생하고 협력하는 건전한 교육기부 문화를 조성할 필요가 있다.

민주시민교육이 활성화되면 학생, 학부모, 교직원 등 교육공동체 모두가 인격적으로 존중받는 분위기가 형성된다. 게다가 교육공동체의 성숙한 민주시민의식 형성으로 참여와 협력의 학교 문화가 정착되고, 학생은 공동체에 대한 책임을 다하는 민주시민으로 성장한다. 결국 학생은 지식과 소통·공감하는 의사소통능력이나 갈등해결능력 등이 통합된 이른바 핵심역량을 갖추게 된다. 그것은 글로벌 세계관, 인권과 다양성 존중, 배려와 평화적 갈등 해결 등을 지향하는 세계시민으로 성장해 가는 것과 크게 다르지 않다.

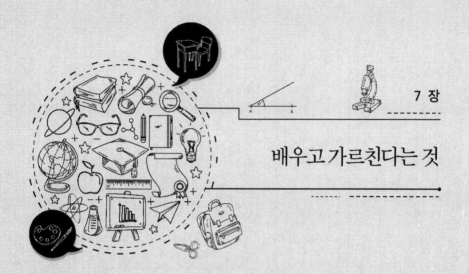

7 장

배우고 가르친다는 것

배움 중심의 학교문화 혁신

  교사가 학교 현장에서 수업과 학생 생활지도에 전념할 수 없는 것은 지시일변도의 관료적 학교문화와 과도한 행정업무에 그 원인이 있다. 배움중심수업은 이러한 학교문화를 개선하여 교사와 학생의 수평적 소통으로 지식을 창조하고 형성해 나가는 과정을 중시하는 수업이다. 그것은 교사의 자발성에 토대를 두며 수업을 학교 변화의 출발점으로 인식한다는 점에서 시사하는 바가 크다. 수업은 학습자 중심으로 진행하며 수업방법뿐만 아니라 교육내용의 재구성과 평가혁신을 아우르는 개념으로 이해할 수 있다.

  먼저, 배움중심수업의 핵심개념을 살펴보고자 한다. 첫째, 지식을 어떻게 구성할 것인가의 문제이다. 지식은 고정불변한 것이 아닌 끊임없이 창조되는 과정이며, 배움중심수업은 지식의 권위에 도전하는 학습문화를 만드는 일이다. 따라서 배움중심수업은 본질적으로 지식이나 기능의 습득, 축적을 넘어 지식의 창조가 있는 수업이 된다.

둘째, 지식을 어떻게 탐구하는가의 문제이다. 학생들이 수업 중에 어떤 내용을 배우고 익히는가보다는 어떻게 지식을 탐구해 가는가에 중심을 둔다. 학생들은 학생-학생, 학생-교사의 협력으로 실패나 시행착오를 경험하고 지식을 탐구하면서 자기생각을 만들어 내어 진정한 배움에 도달한다.

다음으로, 학교 현장에 배움중심수업을 착근시킬 수 있는 방안을 마련해 볼 필요가 있다. 우선, 행복씨앗학교 성과를 일반화하여 교육 활동 중심의 학교 운영 체계 구축을 지원한다. 이를 위해 교육과정 다양화, 특성화와 맞춤형 교육과정 편성·운영 및 교육과정 운영 책무성 등을 강화시킨다. 아울러 교사들이 학생교육에 전념할 수 있는 환경을 조성하고, 아래로부터 학교혁신을 통하여 학교공동체의 자발성에 기초한 학교변화를 모색해야 할 것이다.

배움이 즐거운 학생을 위해 배움중심수업 이해, 자기주도적 학습 계획 및 실천, 학생 학습 동아리 활동 참여 등을 지원한다. 수업에서 학습소외가 일어나거나 배움의 질을 저하시키지 않도록 학생-학생, 학생-교사 간의 깊이 있는 관심과 신뢰 관계 형성이 중요하다. 특히 소통과 토론이 이루어지는 브레인스토밍 및 배움과 나눔 등을 통해 민주시민으로 성장할 수 있도록 한다.

교사의 배움중심수업 전문성 신장 및 역량 강화를 위한 연수를 지원한다. 이를 위해 수업전문가 프로그램, 배움과 성장의 수업 축제, 배움중심수업 이해를 위한 연수, 배움 중심의 수업토론의 날, 배움중심수업 상시 공개 등을 운영할 수 있다. 이러한 과정에서 배움중심수업은 학생의 다양한 사고 활동에 의해 변화와 발전이 일어나는 창조의 과정으로 나아가게 되는 것이다.

교육공동체의 인식 개선을 위한 배움중심수업 자료 보급 및 설명회, 연수, 홍보 등을 지원한다. 학교와 학부모 및 지역사회의 배움중심수업 연구 클러스터 조성을 위한 MOU 체결, 미래형 교육모델 개발 세미나, 포럼, 워크숍 등을 추진할 수 있다. 아울러 국외 교육석학 초청 강연을 통하여 세계적 교육 흐름에 대한 공감대를 형성하는 것도 중요한 일이다.

주지하듯 배움중심수업은 학생의 배움뿐만 아니라 교수·학습방법 및 교육과정에 이르기까지 새롭게 생성하고 재구성할 수 있다. 이러한 과정에서 교사는 지식의 권위자가 아니라 학생의 배움을 촉진하거나 도움을 주는 역할을 수행한다. 따라서 학생이 배움의 주체가 되어 자기주도적 학습을 실행하여 스스로 배움이 일어날 수 있는 토대를 마련하게 되는 것이다.

자기주도 학습법

　고래로 다양한 학습이론 주창되어 왔지만 자기주도 학습이론만큼 확고한 지지를 받고 있는 이론도 드물다. 자기주도 학습은 교육부에서 제정한 개정교육과정의 주요 핵심 내용인 창의적 체험 활동의 학습목표로도 제시되어 그 세력이 더 커질 것으로 예상된다.

　자기주도 학습은 1970년대 교사주도 학습법에 대한 한계를 지적하면서 도입되어 '자기계획적학습, 자기조절학습, 자기교수, 자기조정학습, 자기규제학습' 등으로 불려 졌다. 자기주도 학습은 일반적으로 학습자가 스스로 학습 목표를 설정하고 학습 과정 및 전략, 학습자원을 결정한다. 아울러 학습자 자신이 결정한 학습을 수행하고 학습 결과를 스스로 평가하는 일련의 학습과정을 의미하고 있다.

　교사주도 학습법은 교사가 학습목표 설정, 학습과제 제시, 학습활동, 평가에 대한 선택권을 갖고 학습자의 지식과 기술을 향상시키는 것이 목적이다. 그러나 자기주도 학습법은 학습자 스스로의 노력으로 자신의 지식, 기술, 성취감 혹은 개인적 발달을 향상시키는 것이 목적이다.

이처럼 자기주도 학습은 학습자가 자신의 학습에 대한 전적인 주도권을 갖기 때문에 학습자의 역할이 매우 중요하다. 학습자는 교사와 수평적 관계를 유지하며 학습 주체로서 학습 활동의 전 과정에 적극적이고 자율적으로 참여한다. 한국교육개발원에 개발한 자기주도 학습법에 의하면 학습과정에서 자기주도성을 갖기 위한 4가지 조건을 갖출 필요가 있다.

학습 주체로서의 학습자는 스스로 학습목표를 설정하고 이를 달성하기 위해 끊임없이 노력해야 한다. 자신의 학습에 대한 분명한 동기를 가질 때 학습목표를 구체화 하거나 학습에 대한 기대가 형성되어 학습에 대한 학습자의 책임감을 높일 수 있다.

자기주도 학습은 목표달성을 위해 학습 전반에 대한 지속적인 점검이 이루어져야 한다. 학습 내용과 과정에 대한 점검도 필요하지만 학습 방법에 대한 점검이 더 중요하다. 이러한 점검을 통하여 학습 목표 달성에 대한 조절과 개선이 이루어지는 것이다.

자기주도 학습이라고 해서 타인의 도움 없이 혼자 열심히 최선을 다한다고 학습 목표가 달성되는 것은 아니다. 경우에 따라서는 교사나 학부모의 칭찬과 조언뿐만 아니라 적극적 개입이 자기주도 학습자로 성장하는 밑거름이 될 수 있다.

자기주도 학습자는 학습과정을 통하여 목표를 달성함으로써 배우는 일에 대한 긍정적 경험을 하게 된다. 여기서 말하는 긍정적 경험은 단순히 목표를 달성했다는 성취감과는 그 의미가 다르다. 학습자가 학습 과정을 통하여 목표를 달성함으로써 주체적으로 참여했다는 보람과 책임감을 함께 경험하게 되는 것이다.

이러한 조건을 갖춘 자기주도 학습자는 문제를 해결하겠다는 의지를 갖는 문제 인식 단계, 문제를 어떻게 해결해야 할지에 대해 본격적으로 접근하는 문제 이해 단계, 문제를 해결하기 위한 구체적인 노력 과정의 첫 단계인 계획 작성 단계, 작성된 계획을 실천하는 실천 단계, 실천 후에 결과를 객관적으로 분석하는 자기 평가 단계를 거치면서 자기주도 학습을 마무리하게 된다.

최근 우리나라 학생들의 학습(學習)에 학(學)만 존재하고 습(習)이 부재하다는 말을 흔히 들을 수 있다. 교육을 통하여 지식이나 기술을 습득하는 과정이 학이라면, 그것을 몸에 익히는 위해 터득하고 체득하는 과정이 습이다. 아무리 좋은 음식을 먹어도 소화시킬 수 없다면 소용이 없다. 학원이나 과외로 내몰리는 학습자에게 자기주도 학습 시간을 늘려서 학습 능력을 향상시킬 수 있도록 함께 노력해야 할 때이다.

교수·학습 이론의 변화

우리나라는 홍익인간의 이념 아래 인격을 도야하고 자주적 생활
능력과 민주 시민의 자질을 갖추는 것을 교육이념으로 삼고 있다.
이를 통해 인간다운 삶을 영위할 수 있으며 민주국가의 발전과 인
류 공영의 이상을 실현하는데 이바지할 수 있다는 것이다.

개정교육과정에서는 교육이념을 실천하기 위한 인간상을 다음과
같이 추구하고 있다. 그것은 '전인적 성장의 기반 위에 개성의 발달
과 진로를 개척하는 사람, 기초 능력의 바탕 위에 새로운 발상과
도전으로 창의성을 발휘하는 사람, 문화적 소양과 다원적 가치에
대한 이해를 바탕으로 품격 있는 삶을 영위하는 사람, 세계와 소
통하는 시민으로서 배려와 나눔의 정신으로 공동체 발전에 참여하
는 사람' 등으로 정리된다.

교수·학습이론은 당대 교육이념과 새로운 교육과정이 추구하는
인간상을 반영한다. 구성주의 학습이론은 우리나라 교육이념과 개
정 교육과정이 추구하는 인간상을 구현할 수 있는 교수·학습이론

으로서 필요·충분조건을 갖추고 있다.

구성주의 학습이론은 단순한 지식 습득보다는 학생 스스로 학습 과정을 구성하고 어떻게 활용할 것인가를 중시한다. 여기에서 학습은 학생의 주관적 경험에 근거한 개인적 의미 창출에 해당하며, 교사는 단순히 학습 환경 조성자이며 안내자에 불과하다. 학습에 영향을 미치는 요인으로는 상황적 맥락, 학습 주체인 인간의 학습 활동, 학습 대상인 지식의 역동적 상호작용 등이 있다. 따라서 복잡하고 비구조화된 학습 과제와 문제 영역이 가장 효과적인 학습 형태가 된다.

우리 교육 풍토에 구성주의 학습이론을 제대로 착근시키기 위해서는 자기주도 학습과 협동학습이 두 수레바퀴 역할을 감당해야 한다. 우선, 자기주도 학습은 학습의 참여 여부와 목표 설정 및 교육 프로그램의 선정과 교육평가 등을 학생이 자발적으로 선택하고 결정하는 학습 형태이다. 학생 자신이 학습에 대한 전적인 주도권을 갖기 때문에 학생의 역할이 매우 중요하다. 학생은 교사와 상호 대등한 수평적 관계를 유지하며 학습 주체로서 학습 활동 전 과정에 적극적, 자율적으로 참여하게 된다. 학생이 학습 전반에 대한 지속적 점검과 목표를 달성하기 위해 끊임없이 노력할 때 학습의 가시적 성과를 낼 수 있다. 아울러 교사나 학부모의 칭찬과 조언 그리고 목표를 달성할 수 있다는 학생의 긍정적 생각이 중요하다.

다음으로, 협동학습은 4~5명으로 구성된 조원이 공동의 목적을 성취하기 위하여 협력하는 학습 형태이다. 학습 과정에서 개별적 탐구보다는 조원끼리 공동적인 사고과정을 통해 문제를 해결한다. 이러한 과정에서 학생은 서로 협력하게 되어 학습효과뿐만 아니라 극단적 개인 이기주의를 극복하는 데에도 도움이 된다. 협동학습은 학생들이 서로 이해하고 존중하며 학습의욕을 높여 재미있는 수업을 가능하게 한다. 그리고 문제 해결을 위한 대화와 토론 시간이 많아 의사소통 기술과 사회적 기술 발달에도 도움이 된다.

구성주의 학습이론은 지식은 학생 자신의 내적인 인지 작용에 의해서 생성된다는 가정에 기초하여 학생의 자기주도 학습과 협동학습을 통해 지식 체계를 형성하는 이론이다. 개정교육과정은 '학생 중심의 학습 환경'과 '배려와 나눔 및 소통의 공동체'를 구현하고자 한다. 따라서 구성주의 학습이론을 토대로 자기주도 학습과 협동학습을 통해 학습 방법의 개선과 실천 방향을 모색할 수 있다.

새로운 교수·학습 이론이 학교 교육현장에 변화의 바람을 일으켜 텍스트 중심, 교사 중심의 수업방법을 근원적으로 개선시킬 수 있으면 하는 바람이다. 구성주의 이론이 정착될 때 학생들은 문제 해결 과정을 통해 비판적, 창의적 사고를 하게 되고, 자기주도적으로 새로운 가치를 창조할 수 있는 능력을 길러, 배려와 나눔 및 소통의 공동체를 실천하게 된다.

수업에 대한 성찰과 실천

우리의 삶에서 요즘처럼 변화무쌍한 날씨가 지속되는 것도 흔한 일은 아니다. 지루한 폭우가 계속되더니 이젠 지구를 녹일 듯한 폭염이 그 자리를 대신하고 있다. 이러한 날씨에도 아랑곳하지 않고 대부분의 교사는 방과후수업이나 혹은 각자의 연수에 매진하며 알찬 방학을 보내고 있다. 필자는 몇 년 전 지역 교육대학교에서 부정기적으로 '수업에 대한 성찰과 실천'이라는 주제로 수업 연구를 한 적이 있다.

당시 일본 히로시마 대학원에서 교육학 박사학위를 받은 이정희 교사의 '일본의 수업문화와 수업실천'이라는 특강을 들었다. 서양교육 이론 중심인 우리나라 수업 연구 풍토에서 일본 수업 특강을 듣는다는 것은 쉬운 일이 아니다. 아래에서는 특강 내용을 중심으로 우리나라와 일본의 학교와 수업문화를 살펴보고자 한다.

우리나라와 일본의 수업문화의 가장 큰 차이점은 연구 자료의 수집과 정리, 보관에 있다. 우리의 수업연구 자료가 일천한데 비하여 일본은 그 자료가 방대하면서도 체계적으로 정리, 보관되어 있다. 일본은 1950년경부터 정리한 수업연구 자료를 바탕으로 세계 각국의 수업연구자들을 불러 모아 수업연구의 질을 높이고 있는 것이다.

우리나라보다 일본의 학교 규모가 큰 것은 사실이지만 시설은 낙후되어 있다고 하겠다. 학교에 비치된 텔레비전은 노화되었고 컴퓨터 보급률도 높은 편은 아니다. 학교 수업의 경우 정보통신기술 활용 교육보다는 여전히 칠판과 분필 활용 교육이 중요시 된다. 아울러 급식보다는 도시락을 가지고 등교하는 학생들이 더 많다.

우리나라와 유사한 방과후수업이 운영되지만 참여하는 학생의 표정은 다르다. 우리나라의 방과후수업은 교과 수업 위주로, 일본은 클럽 활동 중심으로 운영되기 때문이다. 일본에서 클럽 활동의 구심점 역할을 하는 체육관은 학교 건물 중에서 시설이 가장 훌륭하다. 모든 학교는 수영장을 갖추고 있으며, 학생은 급우보다 클럽 활동에서 만난 친구를 더 좋아하고 담임교사보다는 클럽 활동 지도교사를 더욱 신뢰한다.

우리나라 수업은 철저히 교과서 중심으로 진행되지만 일본은 교사가 교과서를 재구성하여 수업을 진행하는 경우가 많다. 교사는 한 단원을 가르치기 위해 관련된 지역사회 인사의 학교 방문을 요청하는 등 우리가 상상했던 것 이상으로 수업 준비를 한다. 공개수업 후 실시하는 협의회에서도 교사의 활동보다는 교과서를 어떻게 재구성했는지에 초점을 맞춘다.

우리나라는 학생 활동 위주 수업방식으로 바뀌고 있지만 일본은 교사 활동 위주 수업방식을 실시하고 있다. 일본에서도 교사 활동 위주 수업방식 이전에 학생 활동 위주의 수업방식을 도입한 바 있다. 하지만 그 방식이 학생들에게 적절한 배움을 주기 어려울 뿐만 아니라 방임형 수업으로 전개되는 경향이 있어 다시 교사 활동 수업방식으로 되돌린 것이다.

우리나라 교육대학원에서는 이론 위주의 강의를, 일본은 학교 현장의 수업실천 위주의 강의를 하고 있다. 우리나라 교사는 대학원에 진학할 시 훌륭한 학자가 되기보다는 훌륭한 교사가 되기를 원하는 경우가 더 많다. 우리나라 교육대학원에서도 학교 현장과 교사의 요구사항을 제대로 파악하여 학교 현장에 실제로 도움이 되는 교육을 하는 것이 바람직하다.

짧은 지면에서 우리나라와 일본의 학교와 수업문화를 살펴보기란 여간 어려운 일이 아니다. 그렇지만 서양 교육이론 일변도인 우리나라 수업 연구풍토에 일본의 수업문화와 수업실천이 던져주는 시사점에 대해 함께 고민할 이유는 충분하다. 좋은 수업이란 교사 한 개인의 몫이 아니라 동시대 모든 구성원의 고민과 성찰이 만들어 내는 성과물이기 때문이다.

수업비평의 정착을 위한 시론

교원능력개발평가에 따른 교사의 수업공개 활성화 세부 추진 계획이 각 학교에 시달되었다. 면밀히 살펴보면, 학부모, 동료교사 등에게 학기당 2회 이상 수업을 공개함으로써 수업에 대한 교사의 자신감 도출 및 궁극적으로 학생·학부모·교사의 학교교육 만족도를 제고하는 방향으로 추진한다는 내용이다.

형식적으로는 평상시 수업을 있는 그대로 공개함으로써 수업공개에 따른 교사의 부담감을 최소화하고, 수업공개를 자연스럽게 수용하는 학교문화를 창출할 수 있다. 하지만 수업공개에 따른 교사의 심적 부담은 예상보다 매우 크다. 이러한 부담은 경력교사의 수업 전문성과 실천 지식을 신규교사와 공유할 수 있는 수업 멘토링제를 통하여 어느 정도 해소될 가능성은 존재한다.

그렇더라도 우리가 간과하는 것은 교사가 모범적인 수업을 실시하는 것보다 그 수업을 제대로 보아줄 수 있는 눈(관점)이 정립되어 있지 않다는 점이다. 교사의 수업을 제대로 볼 수 있는 눈은 '수업비평'이라는 용어로 명명되기도 한다. 사실 우리 사회에서 문화비평, 문학비평, 영화비평이란 말은 흔히 들어 왔지만, 수업비평은 쉽게 접할 수 없는 개념이었다. 수업비평은 최근 일부 학자들에 의하여 주창되어 관심 있는 교사들을 중심으로 학교 현장에 전파되고 있지만 그 성과는 아직 일천한 편이다.

학교 현장에서는 수업비평이란 용어보다는 '수업장학, 수업평가, 수업컨설팅'이라는 용어에 더 익숙해 있다. 하지만 수업비평은 이러한 유형과는 분명한 차이를 보인다. 수업장학은 교사의 교수 행위의 개선과 수업 전문성 향상에 관한 정보 제공에, 수업평가는 교사의 수업 능력측정과 평가와 수업 설계 및 실행 능력에 대한 평가에, 수업컨설팅은 교사의 고민이나 문제 해결과 원칙적으로 의뢰인의 판단에 의존한다는 각각의 차이점을 발견할 수 있다.

수업비평은 수업을 하나의 예술작품으로, 교사와 학생이 구성해가는 수업 현상을 분석텍스트로 인정하고 출발한다는 특징을 지닌다. 따라서 이혁규 교수는 수업비평을 수업 활동의 과학성과 예술성, 수업 참여자의 의도와 연행, 교과와 사회적 맥락 등을 종합적으로 고려하면서 수업을 기술·분석·해석·평가하는 비판적이고 창조적인 글쓰기 행위로 정의하였다.

수업비평의 내면에는 학교 현장에서 수업을 실시하는 교사에 대한 인식부터 다르게 규정한다. 교사를 교과서 중심의 규격화되고 표준화된 수업을 진행시키는 기능인적 관점으로 보는 것이 아니라, 주체적으로 혹은 상호소통적으로 수업을 창조해가는 예술가적 관점으로 인식하고 있는 것이다.

수업비평은 기술적 비평 혹은 형식주의적 비평, 역사적 혹은 심리적 비평, 맥락적 혹은 사회학적 비평, 학문적 혹은 교과적 비평, 수용자 반응 비평 등의 유형으로 분류된다. 전술한 수업비평 중에서 학교 현장에 적용해 볼 만한 방법은 수용자 반응 비평(독자 반응 비평)이라 할 수 있다.

수용자 반응 비평적 관점에서 본다면, 수업비평은 교사보다는 학생이 비평의 중심에 존재해야 한다는 점이 중요하다. 그렇다면 앨빈 토플러가 자신의 저서 『제3의 물결』에서 예견한 프로슈머(Prosumer)의 개념을 수업비평에 적용시켜 보는 것도 논리의 비약은 아닐 듯싶다. 수업비평에서 프로슈머는 교사와 학생의 상호소통에 비중을 두면서 '교사 같은 학생, 학생 같은 교사'의 개념적 역할을 수행한다.

수업비평의 주된 목적은 수업 현상의 이해와 해석에 있다. 수업을 진행하는 교사는 예술가가 되고 관찰자는 비평가가 된다. 이를 통해 수업 현상에 대한 감식안과 비평능력이 제고될 수 있으며, 모든 수업 구성원이 자발적으로 참여해야 한다는 점을 고려해야 한다. 결론적으로 수업비평은 학교 현장에 소통적 대화의 풍토를 조성하여 수업을 보는 교사의 안목을 고양시켜 주며, 우수한 수업 사례를 발굴한다는 데 그 의의가 있는 것이다.

구성주의 학습이론

　학습에 대한 과학적 접근은 19세기 중반 이후 다윈의 진화론과 과학적 실증주의 이론으로부터 비롯되었다고 보는 것이 정설이다. 다윈의 진화론은 세계의 변화에 따라 인간의 정신도 변화하는 것으로 인식한다. 이러한 인식은 교육심리학에 영향을 미쳤으며 피아제나 스키너의 이론적 토대의 역할을 하였다. 과학적 실증주의는 지식을 경험의 결과로 보고 설계된 실험과 통제된 경험을 통해 지식 획득이 가능한 것으로 간주했다.

　이러한 과정을 거치면서 학습은 하나의 이론으로 자리매김을 하게 된다. 학습이론도 시대적 흐름에 따라 행동주의에서 인지주의로, 인지주의에서 구성주의로 변화하는 양상을 보인다.

　행동주의 학습이론은 인간의 행동은 자극과 반응의 연합으로 이루어진다는 관점이다. 학습은 자극과 반응의 연합으로 발생하며 행동은 반응을 요소로 하여 결정되는 복합체로 여긴다. 인간의 습관이나 성격도 사회적 조건 부여에 좌우되며 조건화 이론, 연합 이론, 수정 행동주의 등이 해당한다.

인지주의 학습이론은 기본적으로 인간의 내부에서 일어나는 능동적 사고 과정과 인지 구조에 초점을 두고 있다. 학습은 동화와 조절로 이루어지며 학습자의 인지 구조를 변화시키는 것으로 인식한다. 인지주의 견해에서는 결과보다는 과정을 중시하며 정보의 발견이나 단순한 기억보다는 정보의 구성을 강조하며 정보처리 이론과 스키마 이론 등이 해당된다.

구성주의 학습이론은 단순한 지식의 습득보다는 학습자 스스로 학습 과정을 구성하고 어떻게 활용할 것인가에 초점을 맞춘다. 아래에서는 행동주의나 인지주의 학습이론을 전통적 학습이론으로 보고 구성주의 학습이론과 대조해 보고자 한다.

첫째, 교육과정에서 전통적 학습이론은 부분에서 전체로 순서를 정하고 기초를 중시한다. 구성주의 학습이론은 반대로 전체에서 부분으로 순서를 정하고 큰 개념에 초점을 둔다.

둘째, 학습 내용에서 전통적 학습이론은 고정된 학습과정을 준수해야 한다고 여긴다. 구성주의 학습이론은 학생의 질문에 큰 의미를 둔다.

셋째, 교수·학습 자료에서 전통적 학습이론의 학습 활동은 주로 교과서에 의존하는 편이다. 구성주의 학습이론의 학습 활동은 교과서뿐만 아니라 다양한 학습 활동 자료를 활용한다.

넷째, 학생들을 보는 관점에서 전통적 학습이론은 학생들을 백지로 보고 어떤 그림을 그리는가에 따라 달라진다고 여긴다. 구성주의 학습이론에서는 학생의 생각을 중시하고 새로운 이론을 만들어 낼 수 있는 능력이 있다고 본다.

다섯째, 교사의 역할에서 전통적 학습이론의 교사는 학생에게 정보를 제공하는 충실한 강의자이다. 구성주의 학습이론에서는 교사는 학생에게 적절한 환경을 제공하며 그들과 상호소통하는 존재이다.

여섯째, 교사의 강조점에서 전통적 학습이론의 교사는 학생에게 정확한 답을 요구한다. 구성주의 학습이론의 교사는 학생이 획득한 개념을 이해하기 위하여 그들의 관점에 관심을 갖는다.

일곱째, 평가에서 전통적 학습이론은 가르침과 평가를 분리된 개념으로 여기고 시험으로만 올바른 측정을 할 수 있다고 본다. 구성주의 학습이론에서는 학생들에 대한 평가와 교사의 가르침은 서로 혼합된 것으로 인식하고, 학생의 전시, 발표, 포토 폴리오 등을 종합적으로 측정한다.

이상에서 살펴본 것처럼 구성주의 학습이론은 전통적 학습이론과 대조적인 모습을 보이고 있다. 지금 이 순간에도 지구는 돌고 있듯이 하늘 아래 고정된 것은 아무것도 없다. 학교 현장 또한 시대적 흐름을 수용하지 않으면 안 된다. 구성주의 학습이론은 교수·학습이론뿐만 아니라 생활지도 영역이나 성취평가 부분 등에도 다양하게 적용할 수 있다. 이러한 이론이 학교 현장에 안착되기 위해서는 학교 구성원의 인식 전환과 각고의 노력이 있어야 한다.

질문과 대화 중심 수업, 하브루타

초기 산업화시대에는 읽기, 쓰기, 셈하기가 중시되었다면, 다변화된 현대사회에는 의사소통능력, 협업능력, 비판적 사고 능력, 창의성과 혁신 능력을 갖춘 인재를 요구하고 있다. 인재를 양성하기 위해서는 교실 수업방법의 변화가 필요하며 학생 중심의 질문과 대화로 진행되는 '하브루타'에 관심을 가질만하다.

하브루타는 유태인의 교육방법으로 주로 구어(口語)로 전승되던 탈무드를 문어(文語)로 정착시키는 데 기여한 것으로 알려져 있다. 세계 인구의 0.25%에 불과한 유대민족이 전체 노벨상 30% 이상을 차지한 것도 이러한 교육방법에서 비롯되었다. 하브루타는 두 학습자가 텍스트를 읽고 해석하며 생각을 나누는 방식으로 진행된다. 학습자는 하브루타를 진행하는 동안 텍스트를 읽고, 다른 사람과 대화하며 분석하고 생각한다. 이러한 과정에서 학습자는 의사소통능력, 비판적 사고능력, 내용에 대한 영속적 이해를 얻게 된다는 것이다. 이에 선행 연구자들의 성과를 참고로 좀 더 세밀한 논의를 전개해본다.

하브루타의 과정은 도입(동기) 하브루타→내용(사실) 하브루타→심화(심상) 하브루타→적용(실천) 하브루타→메타(종합) 하브루타로 전개된다. 이를 위해 짝을 지어 질문하고 반박하고, 토론하고 논쟁하면서 공부한다.

하브루타 수업방법을 4가지로 요약할 수 있다. 첫째, 질문(논쟁) 중심 하브루타 수업은 질문 만들기→짝토론→모둠 토론→발표→쉬우르 등으로 진행된다. 둘째, 비교 중심 하브루타 수업은 비교 대상 만들기→조사하고 질문 만들기→짝토론→모둠토론→발표→쉬우르 등으로 진행된다. 셋째, 친구 가르치기 하브루타 수업은 내용 공부하기→친구 가르치기→배우면서 질문하기→입장 바꾸기→이해 못한 내용 질문→쉬우르 등으로 진행된다. 넷째, 문제 만들기 하브루타 수업은 문제 만들기→짝과 문제 다듬기→모둠과 문제 다듬기→문제 발표→쉬우르 등으로 진행된다.

하브루타와 소크라테스의 질문법과 기존의 토론 및 디베이트와 차이점을 살펴본다. 소크라테스의 질문법은 교사와 학생 사이에서 단일적으로 이루어지나 하브루타는 학생과 학생 사이에서 전체적으로 일어난다. 또 디베이트는 엄격한 규칙이 있으며 경쟁에 목적이 있으나 하브루타는 화합과 상생 및 소통 중심으로 진행된다는 것이다.

앨빈 토플러는 "한국에서 가장 이해하기 힘든 것은 교육이 정반대로 가고 있다는 것이다. 한국 학생들은 하루 10시간 이상을 학교와 학원에서 자신이 살아갈 미래에 필요하지도 않을 지식과 존재하지 않을 직업을 위해 아까운 시간을 허비하고 있다."라고 말했다. 이 말은 우리의 교육방법은 삶과 유리되어 대입합격이라는 목적을 달성하기 위한 것 이외에 어떤 가치도 발견하기가 어렵다는 의미이다.

교육이 바뀌기 위해서는 학교가 바뀌어야 하고 학교가 바뀌기 위해서는 교사의 수업이 바뀌어야 한다. 결국 교사 중심의 모더니즘적 일제식 수업에서 탈피하여 학생 중심의 포스트 모더니즘적 질문과 대화 중심의 하브루타식 수업으로 변화가 요청되는 것이다.

질문과 토론이 있는 교실

질문과 토론이 있는 교실은 학생이 자기주도적 학습능력을 키워 나가고, 배움과 성장의 과정을 경험할 수 있다. 이를 통해 민주시민 으로서의 협력과 나눔을 실천함으로써 우리교육이 양성하고자 하는 '배움을 즐기고 따뜻한 품성을 지닌 민주시민 육성'의 견고한 틀을 마련하게 된다. 이에 질문과 토론 중심으로 배우는 수업 혁신 정착 방안을 살펴본다.

질문과 토론 중심의 수업혁신을 위하여 단위학교 교원행정업무를 경감하는 등 수업 중심의 학교문화를 조성한다. 교과서 중심 교육에서 교육과정 중심의 교육 활동으로 전환하고 학생 요구를 바탕으로 교사와 학교 여건에 적합한 교육과정을 편성·운영할 필요가 있다. 또 교사의 역량 강화를 위한 질문과 토론 중심으로 배우는 수업혁신 관련 다양한 연수를 지원하고 수업권과 평가권의 자율성 확대가 시급하다.

학생의 자치문화 활성화를 통해 학생들은 스스로 결정하고 집행하고 정리할 수 있는 민주시민의 자질을 향상시킨다. 이런 문화 속에서 학생은 자발성과 자신감 및 자부심과 문제해결력을 길러 수업 혁신이 가능하게 된다. 게다가 수업 혁신을 위한 수업전문가 프로그램, 배움과 성장의 수업 축제, 배움중심수업 이해를 위한 연수, 배움중심수업 토론의 날, 배움중심수업 상시 공개 등의 프로그램을 시행할 수 있다. 또, 다양한 교수·학습방법과 평가 방법 개선을 위한 교사 전문학습공동체나 학습동아리 활성화를 지원한다. 이를 통해 융합교육, 프로젝트 학습, 문제 중심 학습, 액션러닝, 자기주도 학습, 뇌기반 학습, 토의·토론학습, 하브루타, 협동·협력학습, 지속가능 발전교육, 세계시민교육, 사회정서 학습, 거꾸로 수업 등 다양한 학생 참여형 교수·학습 방법의 개발이 필요하다.

질문과 토론 중심으로 배우는 수업혁신을 위한 교육공동체와의 협업 체계를 구축한다. 이를 통해 교육 기부 인력풀을 보급하고 수업혁신에 대한 교육공동체의 인식을 개선한다. 특히 수업혁신 연구 클러스터 조성을 위한 협력체계를 구축하고, 세계적 교육 흐름에 대한 공감대 형성이 요청된다.

학교는 배움의 열망과 가르치는 행복이 공존하며 배움과 돌봄의 공동체가 함께 숨 쉬는 곳이다. 배우는 일은 질문과 토론에서 비롯되며 수업은 이를 익히는 것이라 할 수 있다. 질문과 토론으로 배우는 수업혁신이 미래사회가 요구하는 역량을 기르는 교육이 되기 위해서는 학생과 교사의 자발성을 이끌지 않으면 안 된다. 질문과 토론은 배움을 이끄는 원동력으로 교사와 학생, 학생과 학생 등 교육 주체를 하나의 공동체로 엮어주는 수업혁신의 핵심이기 때문이다.

블록타임제에 따른 토의식 수업

블록타임(Block-time)제에 따른 토의식 수업은 다양한 장점을 지닌 교수·학습 방법이라 할 수 있다. 블록타임제 교수·학습에서 수업시간은 1~2교시 또는 3~4교시를 묶을 수 있어 기존의 1시간 수업 분량이 90분 이상으로 늘어난다. 아직도 교실 수업의 대부분은 교사 일방적 주입식 교수·학습 방법이 차지하고 있다. 이러한 교수·학습 방법에서 학생 대부분은 입을 다문 채 수업을 경청하는 것으로 만족해야만 한다. 그러나 블록타임제에 따른 토의식 수업에서 교사의 일방적인 주입식 수업을 교사와 학생, 학생과 학생 사이의 상호소통이 가능한 양방향식 교수·학습으로 전환할 수 있다.

토의식 수업은 모둠원의 참여와 역할이 강조되는 학습자인 모둠원 중심의 수업방식이다. 토의식 수업방식에서 모둠원은 주어진 문제 해결을 위해 서로 정보나 아이디어를 교환하는 등의 탐구 과정을 거친다. 교사는 모둠원이 주어진 문제를 주체적으로 분석·검토하여 적절하게 해결하여 학습목표를 달성할 수 있도록 보조자의 역할을 수행한다. 이러한 과정에서 모둠원은 자신의 생각에 대한 타당성, 합리성을 검증하고, 비판적 사고력 확장을 통한 문제 해결 태도 등을 배우게 된다.

특히 집단토의를 통하여 모둠 속에서 모둠원 사이의 유대감이나 수용적 태도를 가짐으로써 모둠에 대한 긍정적 태도를 인식하게 된다. 모둠원은 집단적 사고방식이나 문제해결 과정을 통하여 자신에 대한 자존감뿐만 아니라 모둠원에 대한 존중감, 의사 경청과 타협, 합의된 내용에 대한 책무성 태도 등을 배운다.

블록타임제에 따른 토의식 수업에서는 모둠 속에서의 적응력과 민주적 질서의식 등의 학습이 이루어지는데, 현실을 살아가는 데에도 매우 중요한 개념이라 할 수 있다. 현실에서 맞닥뜨리는 삶의 문제에 대한 해결 방식을 배우기 때문이다. 따라서 블록타임제에 따른 토의식 학습을 단지 모둠원 사이의 단순히 학습과제를 해결하는 것이 아니라 삶의 문제를 해결하는 과정으로 인식할 필요가 있다. 삶의 문제에 대해 다양한 의견을 수렴하는 민주적인 문제 해결 과정이라는 것에 의미를 두어야 한다.

블록타임제에 따른 토의식 수업은 구성원 간에 각자 의견을 발표하고 타인의 의견을 존중하면서 의사를 교환하는 방법으로 진행된다. 이런 점 때문에 토의식 수업은 간단한 정보나 지식 습득 중심의 내용보다는 고차적인 인지 능력의 함양을 위한 수업이나, 특정 문제 상황에 따른 해결책을 탐색하거나 태도 변화를 기하는 데 적합하다.

그렇지만 블록타임제에 따른 토의식 수업이 현존하는 교수·학습의 모든 문제를 해결해 주지는 못한다. 토의식 수업을 진행하기 전에 철저한 준비를 했음에도 불구하고 예측하지 못한 상황이 발생할 수 있다 그리고 토의식 수업의 자유로운 수업 분위기로 소수 학습자의 이탈을 자극하여 수업 방관자를 양산할 수 있다. 새로운 사실과 개념에 대한 심층적 준비 과정을 간과한다면 주어진 학습 목표에도 도달하기가 어렵다. 심층적 준비 과정을 간과한 교사에게 블록타임 2시간은 악몽일 것이며 모둠원에게는 지루한 시간일 수밖에 없다.

블록타임제에 따른 교수·학습에서 딱딱한 이론 위주의 수업은 어울리지 않는다. 학생 활동 중심의 다양한 교수·학습 방법과 동영상, 플래시, 만화 등 멀티미디어를 활용한 다양한 학습 자료 개발이 절실하다. 이러한 교수·학습 방법과 학습자료가 저변 확대될 수 있도록 단계적이고도 연속적인 지원이 가능할 때 공교육 정상화에 기여할 수 있을 것이다.

수업컨설팅에 대하여

교사의 전문성 확보가 학교효과성을 높일 수 있다는 것은 분명하다. 수업은 교육이 추구하는 목적을 달성하고 이념을 실현시키는 중요한 교육행위이다. 교사의 입장에서 본다면 좋은 수업을 수행하는 일이야말로 책무이고 최종적 목표인 셈이다. 시대와 사회문화적 상황이 바뀌고 교육의 양적 팽창이 가속화되면서 학교 교육에 대한 불신이 증가하고 있다. 이에 따라 교육의 질적 제고를 위한 교사의 전문성이 요청되는 것이 현실이다.

오래전부터 학교 현장 교사를 중심으로 각종 수업모임이나 수업연구회를 통하여 '좋은 수업이란 무엇인가'에 대하여 함께 토론하고 연구하고 고민해왔다. 학생이 기다리는 수업, 행복한 얼굴로 수업을 받는 학생의 모습, 이것은 모든 교사가 꿈꾸는 좋은 수업의 모습이다. 좋은 수업을 한마디로 정의할 수는 없지만 우선적으로 학습자의 만족도를 높여야 한다는 것은 사실이다. 학습자의 만족도를 높이기 위하여 교사는 '학생들의 학습 이해도를 최고로 할 수 있는 방법은 무엇인가, 수업을 통해 학생들의 창의·인성 능력을 계발할 수 있는 방법은 무엇인가, 효과적인 학습 전략은 무엇인가' 등에 대하여 끊임없이 고민한다. 이러한 고민이 깊을수록 좋은 수업에 대한 가시적 성과도 그만큼 가까이 다가온다.

학교컨설팅 개념은 학교 현장에서 수업을 잘하는 교사와 좋은 수업에 대한 개선 의지가 증가하면서 교육 개혁의 새로운 접근 방법으로 출현하였다. 그동안의 교육개혁이 위에서 아래로 향하는 개혁이었다면 새로운 접근 방법은 아래에서 위로 향하는 개혁이라고 할 수 있다. 학교컨설팅은 다양한 이름과 형태로 이루어지지만 그 중에서 '컨설팅 장학'과 '수업컨설팅' 등이 대표적이다.

학교컨설팅은 학교 교육을 개선하기 위해서 일정한 전문성을 갖춘 전문가가 학교와 학교 구성원의 요청에 따라 제공하는 독립적인 자문 활동이다. 학교 교육 및 학교 경영 문제를 진단하고, 대안을 마련하며, 문제 해결 과정을 지원하고, 교육 훈련을 실시하며, 문제 해결에 필요한 인적 물적 자원을 발굴하여 조직화한다. 컨설팅 장학은 교사의 자발적 의뢰를 바탕으로 교수·학습과 관련된 전문성을 계발하기 위한 조언 활동이다. 이에 비해 수업컨설팅은 교사의 자발적 의뢰를 바탕으로 수업에 관련된 문제를 해결하거나 전문성을 계발하기 위한 조언 활동이라는 차이가 있다.

수업컨설팅의 핵심원리는 일반적으로 '자발성의 원리, 전문성의 원리, 독립성의 원리, 일시성의 원리, 교육성의 원리' 등으로 분류된다. 따라서 위계적 교과수업 장학이 아니라, 교사의 필요·충분에 의한 자발적 교육지원 활동이다. 따라서 형식적이고 권위적인 장학보다는 정감 있고 현장 친화적 교수·학습 컨설팅으로 진행되므로 효과가 크다. 이러한 분위기 속에서 현장의 많은 교사가 수업컨설팅에 자발적으로 참여하고 수업 공개에 대한 적극적 자세를 가질 수 있게 된다. 교사가 자발적으로 수업에 대한 의견 나누고 다양한 형태의 수업을 공유할 때, 학교 현장에 수업컨설팅의 뿌리가 내려지고 열매를 맺을 날도 멀지 않을 것이다.

최근 각급 학교의 수업장학이 컨설팅장학으로 바뀌고 있다. 각 교육지원청에서는 장학관, 장학사, 교육연구관, 연구사, 교장, 교감, 수석교사, 수업스타, 사범대 교수 등을 컨설턴트로 위촉하였다. 이러한 변화는 종래의 점검 위주의 장학에서 지원 중심의 장학, 학교의 자발적이고 선택적인 신청에 의한 컨설팅이 필요하다는 배경이 깔려 있다. 아울러 학생·교사·학부모가 만족하는 공교육의 질 제고와 교육수요자의 신뢰 구축, 교육전문성 및 학교경영 능력을 신장시켜야 한다는 분위기와도 관련이 다분하다. 모쪼록 컨설팅장학의 활성화가 학교 현장의 친목과 화합을 다지며, 교사의 자기실현 기회를 제공하고 공교육 정상화에 기여할 수 있기를 기대한다.

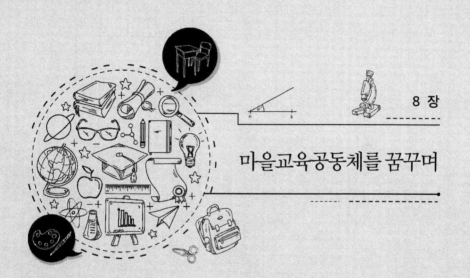

8 장

마을교육공동체를 꿈꾸며

모두 행복한 유아교육을 위하여

지난 2013년 12월 10일 충청북도 의회는 도교육청이 요구한 새해 예산안 중에 단설유치원 신설 사업비 78억 원 전액을 삭감하였다. 여기에 반발한 교육가족을 비롯한 도민은 도의회를 비난하는 목소리를 높였다.

도교육청은 "지역주민 90%가 찬성하고 전액이 정부의 신설교부금으로 추진되는 단설유치원 설립을 막는 도의회 결정을 폭거"라고 비난하며, 교육감 길들이기의 일환으로 추측한다. 모 교원단체는 성명서를 통하여 "예산결산위원회가 학부모의 바람을 무시하고 사립유치원의 이권을 대변하며, 좋은 교육환경을 제공해야 하는 도의회가 단설유치원 설립을 막았다는 것은 납득할 수 없다."라고 주장했다. 특히 해당 지역의 학부모 단체 대표는 "납득할만한 삭감사유를 제시하지 않으면 지역을 포함한 전체 학부모의 의견을 모아 대처할 것"이라는 경고성 메시지를 전하였다. 이러한 주장에 도의회는 "향후 행정절차 및 이해당사자 간의 의견 수렴 결과를 보고 예산문제를 재검토하겠다."라는 성명서를 발표한 바 있다.

우리 속담에 "세 살 버릇 여든까지 간다."라는 말이 있듯이 유아교육의 중요성은 비중이 매우 크다. 우리 선조도 유아교육의 중요성을 인식은 했으나 그것을 보육이나 육아 및 훈육 등 그야말로 아이돌보기 과정의 일환으로 여겼던 듯하다. 그러나 현대로 오면서 탈무드를 중심으로 한 이스라엘 교육법이나 피아제를 비롯한 터만, 에릭슨, 부름 등 학자의 연구 결과로 체계적이며 전문적 유아교육의 방법론적 필요성을 절감한다.

그런데도 불구하고 현재 우리나라 유아교육 인프라는 미미하기만 하다. 특히 국공립 유아교육 시설이 터무니없이 부족하여 유아교육의 기회균등 원칙이 제대로 준수되지 못한다는 비난을 받고 있다.

국공립유치원의 부족은 정부의 초창기 유아교육 계획이 배태시켰다고 시켰다고 하겠다. 당시 정부는 사립유치원 설립이 어려운 지역에만 국공립유치원을 설립했다. 하지만 대부분의 학부모는 저렴하면서도 질 높은 교육을 받기 원한다. 사립유치원의 공과(功過)를 부정하는 것은 아니지만 국공립 유치원 설립 확충이 이러한 요구에 부응할 수 있는 최선의 방법으로 보인다. 특히 단설유치원 건립은 교육부가 유아교육의 질 제고와 유치원 공교육화 체제 전환을 위해 야심차게 추진해 온 사업이다. 그것은 초등학교병설유치원과는 별도 독립체계로 운영되므로 지역 유치원의 구심적 역할을 수행하여 유아교육의 전문성을 신장하게 된다.

스웨덴의 교육학자 엘렌케이는 그의 저서 『어린이의 세기』에서 유아는 '건강하게 출생할 권리, 건강하게 자랄 권리, 정상적인 가정

생활을 누릴 권리, 교육을 받는 권리, 정신적, 도덕적 훈련을 받을 권리, 놀이와 오락을 즐길 권리'가 있는 것으로 보았다. 또한 프로이드는 인성의 바탕이 되는 성격은 유아 때 대부분 형성된다는 실험을 통하여 유아교육의 중요성을 입증하였다.

따라서 이번 지역 단설유치원 설립 논쟁이 교육공동체 모두가 유아교육에 애정과 관심을 갖고 나아가 공론화시키는 계기로 삼았으면 하는 마음이다. 더불어 개인 이기주의나 당파 이기주의를 벗어나 단설유치원 설립이 차질 없이 진행되어 모두 행복한 유아교육이 실현되길 기대한다.

교육복지의 두 가지 방식

2011년 당시 오세훈 서울시장이 주도한 '무상급식 찬반 주민투표'는 우리나라 복지 논쟁의 대표적 사례이다. 오 전 시장은 시장직을 걸고 주민투표를 실시하였지만 투표율이 개표 기준에 미달되어 투표함을 열지도 못하고 시장직을 내놓았다. 이 사례는 진보측뿐만 아니라 보수측까지 보편적 복지를 지지하는 것으로 급선회하는 계기가 되었다.

하지만 2년여 만에 보편적 복지와 선별적 복지 논쟁 2라운드를 선언하였다. 당시 경기지사는 2014년 무상급식 예산에서 결식아동 분만 남기고 삭감하겠다고 선언했다. 일부 단체장도 재정난을 이유로 기존의 보편적 복지에서 선별적 복지로 정책 변화를 고려하였다.

보편적 복지는 평등성을 강조하여 어떤 사람도 복지에서 제외되어서는 안 된다는 입장이다. 복지는 국가의 의무인 동시에 국민의 권리로 누구나 복지혜택을 누릴 수 있어야 한다고 주장한다. 선별적 복지는 복지를 국가의 배려로 인식하고 어려운 사람을 먼저 도와 자본주의의 단점을 보완하는 복지형태이다. 개인의 삶에 대한 책임은 일차적으로 자신에게 있으며 개인이나 가족의 노력으로도 정상적인 생활을 할 수 없는 경우 국가가 선별적으로 복지를 제공하자는 것이다.

무상급식 모범도로 알려진 충청북도는 작년에 이어 올해에도 무상급식비 총액 분담문제로 갈등을 잊고 있다. 충북도와 교육청은 몇 개월에 거쳐 실무진 협상을 벌였지만 합의점을 도출하지 못하고 도의회 눈치만 살피는 상황이다. 무상급식으로 인한 갈등은 매년 되풀이 되는 연례행사처럼 되었다. 이러한 과정을 보면서 전면적 무상급식 실시가 과연 칭찬만 받을 일인가하는 의구심이 들기도 한다.

대부분의 중·고등학교는 여름방학에도 2~3주간 등교하여 방과후수업을 실시하였다. 아침에 교무실 문을 열면 34~35도나 되는 뜨거운 열기가 엄습한다. 적정온도 28도를 넘지 말라는 에너지 절약 지침이 무색할 정도로 실내온도는 28도 이하로 내려간 적이 없다. 무상급식에 많은 예산을 투입하다 보니 학교 현장의 냉난방비가 부족한 것이 현실이다.

한 국가의 복지형태를 보편적 복지와 선별적 복지만으로 이분하는 것은 분명 문제가 있다. 보편적 복지가 선이고 선별적 복지라 악이라는 논리에도 오류가 많다. 학교 현장에서 방과후수업인지 혹서기 적응 운동인지 분간하기 어려운 상황을 경험하면서 무상복지 정책에 대한 불만도 여기저기에서 터져 나온다. 무상복지 정책으로 '학급 학생수 감축, 교실 냉난방 시설 완비, 교수·학습자료 구비,

노후화 시설 보수' 등 공교육을 정상화시킬 사업이 뒤로 밀리는 것은 아닌지 염려스럽다.

누구나 평등하게 교육받을 권리

최근 우리나라 교육정책의 근본적 패러다임 전환이 이루어지고 있다. 그것은 대표적으로 '경쟁과 차별'을 넘어 '협력과 지원'이라는 교육문화가 정착되고 있다는 점에서 그러하다. 교육복지 문제도 혁신학교, 무상급식, 학생인권 등과 같이 교육적 의제로 제기되고 있다. 사회계층 간의 불균형을 해소하고 공교육 기반을 확립하기 위해서 결과적 평등에서 해결 방안을 모색하는 것이 올바르다. 이에 모든 학생이 부모의 사회 경제적 지위에 상관없이 평등하게 교육받을 수 있는 몇 가지 정책을 제언한다.

교육의 결과적 평등을 확산하고 계층 간의 격차를 줄이는 지원 체계를 구축한다. 보편적 복지 홍보나 단위학교 컨설팅 지원 및 콘텐츠를 개발하여 보급할 수 있다. 특히 가정 배경으로 인한 불이익을 사회가 보상하여 저소득층이나 벽지 등 문화적 혜택을 받기 어려운 곳에 교육 자원을 투입해야 한다. 아울러 다문화학생, 탈북학생, 장애학생 등에 더 많이 지원하여 결과적 평등의 공정성 원리,

역차별 원리가 제도적으로 정착되어야 할 것으로 판단된다.

소외 지역 학생의 공감지수와 문화적 역량을 키우는 문화·예술 교육을 지원한다. 즉, 문화·예술 체험 활동, 청소년 효 한마음 축제, 학생관악제, 오케스트라 페스티벌, 교사문화·예술동아리, 학생뮤지컬, 예술중점학교 등을 운영할 수 있다. 이를 통해 문화·예술교육에서 소외된 학생의 감성능력을 향상시켜야 한다. 궁극적으로는 그들의 학습동기를 고취하고 학습방법 및 전략을 개선하여, 단 한 명이라도 교육적으로 소외되는 학생이 없는 교육문화를 조성하는 것이 바람직하다.

교사 역량강화로 학습부진아 기초학력 향상을 지원한다. 학습종합클리닉센터 운영하고, 사이버 가정학습 체계를 활용하여 소외계층 자녀에게 무료 맞춤식 학습을 제공하는 것도 필요하다. 학교에서 운영하는 이러닝을 통해 재정부담 없이 원하는 시간에, 수준에 맞는 공부를 할 수 있는 여건을 마련해 준다. 아울러 배움중심수업으로 교사의 일방적 지식 전달 수업에서 벗어나 교사와 학생 간의 대화와 협력을 통해 스스로 배움이 일어나도록 한다.

보편적 교육복지 확대를 위한 교육 기부 인력풀과 프로그램 개발 등의 보편적 교육복지 협업 체제를 만들 수 있다. 특히 지나친 학벌주의와 왜곡된 학력관을 극복하기 위한 교육공동체 의식개혁과 학교 교육 활동 참여폭을 확대한다. 아울러 보편적 교육복지를 위한 모니터링단을 운영하여 보편적 교육복지 점검 및 의견을 수렴하여 우수사례는 일반화하고 미흡 영역은 개선책을 마련하여 다음 연도 계획 수립 자료로 활용하는 것이 좋다.

호레이스 만의 말처럼 '교육은 인간을 평등하게 하는 위대한 장치'

이다. '개천에서 용 나는 사회'가 계층 간의 불균형이 없는 진정한
평등사회라 할 수 있다.

대선 후보들의 교육 공약

장미대선으로 불렸던 2017년 대통령 선거가 장미 꽃잎과 함께 막을 내렸다. 이번 선거는 장미가 만개한 5월에 치러진다고 해서 장미대선이니 살벌한 선거판의 분위기와는 사뭇 다른 느낌을 주었다. 대선을 바라보는 교육계의 시선은 이들의 교육 공약에 쏠리고 있다. 선거는 끝났지만 정당이나 후보와 무관하게 발표된 핵심 교육 공약을 중심으로 살펴보는 것도 의미가 있다.

교실혁명으로 고교학점제와 교사가 수업을 개설하고 학생이 원하는 과목을 수강할 수 있도록 하겠다는 공약을 제시했다. 아울러 외국어고나 자사고 및 국제고를 일반고로 전환하고 수능 전 과목 절대평가 및 수능 문제 서술형 도입 등으로 개편하겠다는 것이다.

현재 초·중·고 6-3-3 학년제를 초등학교 5년 중·고등학교 통합 5년, 진로탐색학교 2년의 학제 개편안을 내놓았다. 또 교육부를 축소하고 장기 교육정책을 추진 및 수능을 자격고사화하여 학생부와 입학사정관제, 면접 등으로 대체하겠다는 입시 정책을 발표하였다.

서민 자녀의 교육지원안을 제시하여 취학 전 아동에 대한 누리과정 혜택을 소득에 따라 5단계로 나누어 차등 적용하겠다는 것이다. 서민자녀에게 온라인 수강권과 학습 교재를 살 수 있는 교육복지 카드를 지급하고 어렵고 가난한 사람에게 더 많이 지원하겠다는 공약을 밝혔다.

미래교육위원회를 신설하여 교육정책 기획 기능을 부여하고 대입 논술을 폐지하겠다는 공약도 있다. 뿐만 아니라 대입제도나 고교 유형 및 교육과정 등을 법제화하는 장치를 통하여 잦은 교육제도 변경으로 인한 혼란을 최소화하겠다는 것이다.

끝으로, 교육부 예산이나 조직을 축소하고 직업고등학교를 활성화하여 직업계 비중을 50%까지 단계적으로 늘려가겠다고 하였다. 아울러 학령인구 감소 등의 상황을 고려하여 학급당 인원수를 20여 명으로 축소하겠다는 공약도 보인다.

이러한 교육 공약은 '교육부 축소, 학제 개편, 누리과정 차등지원, 외고와 자사고 및 국제고 폐지 및 일반고 전환, 수능 전 과목 절대평가, 수능 서술형 전환, 수능 대입 자격 시험화, 직업고등학교 활성화, 학급당 인원수 축소' 등으로 요목화시킬 수 있다.

하지만 대선 후보들이 내놓은 공약에 대한 학부모의 관심이나 호응도는 그리 높은 편은 아닌 듯 보인다. 거창한 공약보다는 학부모의 피부에 닿을 수 있는 실질적인 정책을 발견하기 어렵기 때문이다. 허울 좋은 거창한 공약보다는 작은 약속이라도 지킬 수 있는 선거 풍토가 조성되었으면 하는 바람이다. 한 조사기관에 의하면 학부모에게는 '교육비 축소'가 가장 관심 가는 키워드로 조사되었으며, '사교육 폐지'가 우선적으로 실현되었으면 하는 교육정책 과제로 나타났다. 그리고 맞벌이 부부 육아시간 확보나 육아 휴직 및 유연 근무제의 의무화가 그 다음을 잇고 있다. 4차 산업혁명 시대에 주입식·암기식 교육에서 벗어나는 것도 시급하다. 무엇보다도 어떻게 하면 학생의 학업 성취도와 더불어 학업 흥미도를 높일 것인가에 대한 근원적 대안이 마련되어야 할 것이다.

교육과 정치

역사적으로 교육과 정치의 관계에 대하여 분분한 논의가 있어 왔다. 어떤 사람은 교육은 본질상 규범적이고 이상 지향적이어서 현실에 기반을 둔 정치와는 일정한 거리를 두어야 한다고 말한다. 그것은 교육계에 정치적 비합리나 술수가 난무해서는 안 된다는 생각을 대변한다. 또 다른 사람은 교육의 정치적 중립성은 일종의 허상에 불과하다는 입장이다. 이미 교육은 정치에 깊숙하게 개입되어 있어서 현실 정치로부터 벗어날 수 없다고 본다. 때문에 교육과 정치는 속성상 한 몸이 될 수밖에 없다는 것이다.

이러한 주장은 나름대로의 논리를 내포한다. 하지만 우리와 같은 교육감 직선제에서 교육적 전문성이 부족한 정치인이 교육감으로 대거 당선될 경우를 예상해 보자. 당선된 교육감의 당파성이나 이념성 및 정치성에 따라 교육 정책이 좌지우지될 수밖에 없을 것이다. 교육 정책이 지역적 특수성과 무관하게 교육감의 성향에 따라 요동친다면 그 피해는 고스란히 학부모나 학생들에게 돌아 올

것이 분명하다.

우리나라 헌법 31조 4항에는 "교육의 자주성·전문성·정치적 중립성 및 대학의 자율성은 법률이 정하는 바에 의하여 보장된다."라고 명시하고 있다. 뿐만 아니라 2003년 3월 25일 헌법재판소는 교육의 정치적 중립성에 대한 중대한 판결을 내린 바 있다. 즉 "교육이 국가권력이나 정치적 세력으로부터 부당한 간섭을 받지 아니할 뿐만 아니라, 교육이 본연의 기능을 벗어나 정치영역에 개입하지 않아야 한다는 것"이다.

다산 정약용은 『목민심서』 교민(敎民) 편에서 "나라의 통치행위는 백성을 교육하는 일일 뿐이다(民牧之職 敎民而已)."라고 말했다. 나라의 토지나 재산을 균등하게 분배하는 일이나 세금과 요역을 균등하게 매기는 일도 교육을 제대로 하기 위함이요, 군현을 설치하고 목민관을 두거나 형벌이나 법규를 밝히는 일도 백성을 교육하기 위함이라 하였다. 결국 제도가 제대로 정비되지 않으면 교육을 통한 교화를 일으킬 겨를이 없다는 것이다. 다산은 선치(善治)를 옳고 좋은 정치로 보았으며 교육이 올곧게 서지 않으면 결코 선치에 도달할 수 없는 것으로 인식하였다.

다 아는 것처럼 교육은 백년지대계이다. 교육정책이나 제도 수립은 거시적이면서도 장기적 안목으로 이루어져야 한다. 교육이 정치적 도구로 전락할 때 국가 발전은 기대하기 어렵다. 헌법이 보장한 교육의 정치적 중립성을 보장받기 위해서라도 교육감 후보의 교육경력 존속은 법제화되어야 한다.

이러한 과정을 통하여 교육은 온전한 교육 자치를 실현하여 지역주민의 참여의식을 높이고 각 지방에 적합한 교육정책을 실시하게 된다. 그것은 교육의 자주성·전문성·정치적 중립성을 확보하려는 교육제도의 실천이며 국가발전의 초석 역할을 감당하는 일이다.

작은 학교 살리기

각 시도 대부분의 교육감은 농촌 공동화를 유발하는 작은 학교의 획일적·인위적 통폐합을 추진하지 않겠다는 의사를 공공연히 밝혀온 바 있다. 한국자치경제연구원에서도 기숙형 중학교가 작은 학교 통폐합 정책의 정답이 될 수 없다는 분석을 했다. 아울러 작은 학교를 통폐합하기보다는 특성화를 통해 경쟁력을 갖추도록 유도하는 게 좋다는 결론이다. 작은 학교를 살리기 위해서는 지역사회에서 학교의 중요성을 인식하고 학교와 지역사회가 서로의 발전을 위해 협력하는 방안을 모색하는 것이 필요하다. 이를 위해 학교가 좀 더 적극적으로 지역사회와의 관계를 개선하고 지역주민의 생활을 향상시키는데 앞장서야 한다.

작은 학교 살리기를 위한 TF팀 구성·운영 및 조례안 재정이 필요하다. 작은 학교 살리기 TF팀 구성·운영으로 컨설팅을 실시하고 교육기부 활성화와 아이디어 발굴 및 모형을 구안하고 연구 성과를 비교·분석한다. 조례안은 2년 단위로 기본계획을 수립·시행하고 예산 지원 기준과 소요 경비 부담 방법, 작은 학교 교육지원협의회 등을 운영할 수 있다. 아울러 교육의 결과적 평등 체제를 구축하여 작은 학교에 교육·문화·복지 프로그램을 종합적으로 지원하여 자녀교육을 목적으로 타 지역으로 이주하는 것을 막도록 한다.

학교 교육과정을 다양화·특성화하여 작은 학교 모델 개발로 농산촌 지역의 교육문제를 완화시킬 수 있는 방안을 모색한다. 농산촌 학생은 경제적, 지리적 이유로 예체능에 대한 보완적 교육이 사실상 불가능하다. 따라서 자유학기제나 방과후활동 및 방학기간을 활용한 창의적 체험 활동, 문화·예술·체육 활동 등으로 다양한 교육 기회를 제공한다. 또 대학생 멘토나 이러닝 및 사이버 가정학습 등을 통하여 교육격차를 해소하고, 교사가 작은 학교 간의 공통교육과정 재구성을 할 수 있도록 여건을 마련하는 것도 중요하다.

교사행정업무 경감을 통해 작은 학교를 살리기 위한 역량을 발휘하도록 한다. 작은 학교 살리기는 상대적으로 소외되는 학교를 살리기 위한 교사의 전문성과 열정이 필요하다. 교사의 성장이 작은 학교 학생의 성장이라는 사고의 전환이 작은 학교의 본질적 변화를 가능하게 한다. 특히 교사의 전문성 신장과 교사행정업무 경감 지원체제가 선행될 때, 자발성이 발현되어 작은 학교 살리기를 활성화할 수 있다.

교육공동체와 작은 학교 살리기를 위한 네트워크를 구축한다. 아울러 각 교육청이 추진하는 정책의 내실화가 필요하다. 농산촌 지역의 작은 학교 활성화 사업 추진, 농산촌 유학 상담 전담부서 운영, 면단위 중학생 통학차량 단계적 지원, 초등학교 통학차량 지원, 농산촌 지역 작은 학교 활성화 종합계획 수립·공개 및 다양한 교육프로그램 운영 등에 대한 지속적 실천이 요청된다.

작은 학교는 정규 학생뿐만 아니라 지역 주민 전체를 교육 대상으로 하고 있다. 그렇기 때문에 소외계층에 대한 배려와 보편적 교육복지 실현 및 농촌지역 교육환경 개선이 동시에 이루어져야 효과를 발휘할 수 있다. 작은 학교의 특색과 장점을 살리는 교육 활동을 전개하여 배움과 돌봄이 함께하는 교육공동체 조성으로 학교와 지역사회가 더불어 발전하는 방안을 모색해야 할 것이다.

마을교육공동체의 세 가지 장면

최근 교육행복지구 사업이 교육계의 뜨거운 이슈로 부각하고 있다. 이는 경기도나 강원도를 비롯한 진보적 성향의 교육감이 주도적으로 착수하여 나름의 성과를 거두고 있는 사업이다. 그동안 교육이 학교 중심으로 이루어졌으나 지역사회가 함께 참여한다는데 의미를 찾을 수 있겠다. 학교와 지역사회의 유기적 협력으로 지역의 교육력을 높일 수 있다. 마을의 인적·물적 자원을 교육 자원으로 활용하게 되므로 마을이 곧 학교가 되는 셈이다. 이러한 사업은 단 한 명의 아이도 소외하지 않겠다는 의미를 내포하며 지역의 특성과 전통을 살리고 정주효과도 높이게 된다. 이에 선진 교육청 소속의 학교가 시행하여 나름의 성과를 거두고 있는 몇 가지 사례를 살펴보는 것도 의미가 있겠다.

#장면 1. 마을신문 장곡타임즈

장곡타임즈는 장곡마을 신문으로 마을의 문제를 보도하고 보다

살기 좋은 마을을 만드는 데 기여하고자 한다. 교사는 마을에서 아이들을 가르치고 있지만 마을에 관심이 있는 교사가 드문 것이 현실이다. 하지만 교사가 마을연구모임에 참여하면서 마을 철학의 생산자뿐만 아니라 전수자 역할까지 수행한다. 더구나 장곡타임즈 제작에 동참하면서 마을과 학교의 연대 가능성을 발견하게 되었다. 주민과 학부모 및 아이들의 이야기가 신문에 등장하고, 그 소식을 접하고 그것을 학교 수업교재로 활용하면서 마을 속으로 더 깊이 들어간 것이다.

#장면 2. 준비물 지원실

준비물 지원실은 경기 당촌초등학교와 수내중고등학교 사례이다. 그것은 준비물을 지참하지 못해 수업참여가 어려운 학생을 위해 준비물을 대여해 주고 절약하자는 취지로 시작했다. 준비물 지원실을 통해 학생 모두 준비물을 지참할 수 있어 수업에서 제외되는 학생 없이 원활한 수업 진행이 가능하다. 아울러 준비물 지원실에서 봉사하는 학부모와 소통 창구가 생겨 학교 수업을 이해하는 측면에서 좋은 기회가 되며, 예산 절감에도 도움이 되고 있다. 특히 학부모가 학생과 교사를 이해할 수 있고 학교 발전에 함께 참여할 수 있다는 장점이 더 크다.

#장면 3. 홍덕쿱

홍덕쿱은 경기도 홍덕고등학교 비격식 학교 협동조합을 의미한다. 그것은 학생, 학부모, 교직원, 지역주민 등이 자발적으로 참여하여 학교 교육에 필요한 다양한 공익적 사업을 공동으로 소유·운영한다. 이러한 과정에서 교육과 체험을 통한 참여학습과 교육자치 및 학생 중심의 교육복지 실현으로 공동으로 만드는 교육경제 공동체를 가능하게 한다. 홍덕쿱은 사회적으로 학교 협동조합이 운영된 사례가 없다는 이유로 3년이라는 오랜 시간이 만들어 낸 값진 결과이다. 이를 통하여 학생조합원의 민주적 의사결정 과정에 참여가 가능하여 저절로 민주시민교육이 이루어진다. 아울러 공동소유, 공동결정, 공동책임과 공동으로 문제를 해결하는 능력이 향상되고 실천을 통한 배움으로 삶의 역량을 키우고 기업가 정신을 습득할 수 있다.

위에서 제시한 3가지 장면에서 마을교육공동체의 희망적 메시지를 발견할 수 있었다. 교육청은 마을교육공동체 대열에 뒤늦게 합류한 만큼 행복교육지구를 사업을 조속히 마무리하고 마을교육공동체 청사진을 제시해야 한다. 또 행복교육지구가 교육감 선거를 앞두고 이루어져 선거용이라는 여론을 불식시킬 필요가 있다. 교육감 임기가 얼마 남지 않은 상황에서 정책의 일관성을 제대로 유지할 수 있을까하는 의구심과 의미 있는 교육정책이 사장되지는 않을까하는 노파심에서 하는 말이다.

마을교육공동체를 꿈꾸며

"아이 하나 키우는 데는 온 마을이 필요하다"라는 말이 있다. 여기에서 미래교육의 지향점을 발견하게 된다. 미래교육은 학교뿐만아니라 다양한 사람들이 공존하는 마을에 기대는 부분이 더 많다는 것이다. 교육이 학교 중심에서 마을 중심으로 이동하는 시대에직면하여 마을교육공동체 탄생의 서막을 예고한다. 아이들을 마을의 품으로 돌려보내어 마을 학교, 마을 놀이터에서 행복하고 건강하게 자랄 수 있는 터전을 마련해야 하는 시점에 도달한 셈이다.

마을교육공동체가 착근되기 위해서는 현장전문가와 실천가 집단중심의 우리 지역 실태 파악 및 타시도 사례를 탐방한다. 이후 중장기 로드맵을 수립함으로써 성급한 성과보다 시행과정을 지역주민과 공유하면서 느림의 미학을 실천할 필요가 있다. 교육자원봉사센터를 구축하여 학부모와 주민의 교육공동주체로서의 자부심을 고취하고 재능 나눔 사회를 지향해야 한다.

선도학교를 공모하여 마을과 함께 만드는 학교를 지원하는 것이 바람직하다. 포럼이나 간담회 및 공청회를 교육 NGO, 시민단체, 지자체 등과 공동으로 주최하여 의미 있는 작은 사례를 나누고 성찰적 사고를 유도한다. 마을의 학생이 자체적으로 기획하는 마을학교 공모와 학교 밖에서 지역의 전문가와 함께 익히는 문화·예술·체육교육, 진로교육, 인성교육 등을 실천해야할 것이다.

교원이 '마을이 곧 학교'라는 의식을 가질 수 있는 역량 강화가 요청된다. 교원연수를 통하여 실천적 지혜와 지식을 모아 마을학교의 새로운 모형을 개발하고 현장 맞춤형 동아리와 정책 연구회, 학습연구년 교사를 지원하여 연구 성과를 공유한다. 학교 밖 청소년을 포함한 다양한 학생과의 만남으로 모두가 성장하는 학생주도의 프로젝트형 마을학교 구축을 시도할 수 있다. 또 학교 밖 청소년 지원센터로 학생들의 진로 및 진학을 상담하고, 교실 수업 개선으로 질문과 토론으로 배우는 수업혁신을 구현한다.

학교, 교육청, 지자체, 시민단체 등과 교육협력 네트워크 강화로 마을교육공동체 활성화를 지원하는 것이 무엇보다 중요하다. 마을교육공동체를 통하여 다양한 돌봄과 교육 프로그램을 마련하고 생활협동조합으로 사람중심의 사회적 경제를 실현한다. 또 배움과 나눔이 있고 협동이 실천되는 교육 환경을 조성하고 지역사회와의 연대로 새로운 교육자치 터전을 마련할 수 있다.

마을은 늘 우리에게 편안함을 제공하고 부담 없이 다가갈 수 있는 안식처로 자리매김한다. 아이들이 학교에서 한 시라도 마을로 돌아가고 싶어 하는 이유도 여기 있다. 마을교육공동체는 행복씨앗학교의 최종 지향점으로 우리 교육이 안고 있는 많은 문제점을 해결할 유일한 대안이다.

하지만 학교 문을 열었다고 해서 마을교육공동체가 저절로 이루어지지는 않는다. 마을교육공동체의 활성화를 위해서는 교직원이 마을 어르신이나 지역 전문가, 풀뿌리 시민운동가와 함께 마을 속으로 들어가야 한다. 그러할 때 마을과 함께 호흡할 수 있으며 삶 속에서 배움이 일어나 함께 행복한 교육이 실현되는 것이다.

생태·환경교육 활성화 방안

'아름다운 자연은 물려받은 것이 아니라 후손에게서 빌려온 것이다.'라는 인디언 속담이 있다. 자연 환경에 대한 인간의 겸손한 자세를 강조하는 말로 여겨진다. 인간 중심적 세계관을 넘어 생태 중심적 세계관으로 인간과 자연의 상생 관계 증진이 요구된다. 특히 학교 현장에서는 체험적 프로그램이 부족하여 생태·환경의 중요성과 위기에 대한 인식이 미흡하고 그것을 보호하기 위한 실천적 태도도 일천한 것이 현실이다. 이에 생태·환경교육 활성화를 위한 방안을 모색한다.

지속적이고 안정적인 생태·환경교육 기반을 구축하는 일이 중요하다. 학교환경교육진흥위원회를 운영하여 학교환경교육 진흥을 위한 기본계획을 수립·시행하는 등의 자문을 담당한다. 아울러 생태환경 체험학교, 환경교육 시범학교, 학교숲 전문가 지원단 등의 운영이 필요하다. 다양한 수준별 학교환경교육 자료를 개발·보급하여 환경교육의 질적 향상을 도모하고 학교숲 조성으로 생태 체험

공간을 확보하여 자연체험이나 생태학습이 가능하도록 한다.

교육과정 속에 학교환경교육을 구현하여 생태·환경교육 의식이 내면화되도록 지원한다. 다양한 환경교육을 실생활에 적용하고 체험하는 교수·학습 자료를 개발·운영하여 학생의 환경보존에 대한 의식 고취가 요구된다. 아울러 환경 문제의 심각성을 배우고 환경보존을 위한 노력을 실천하는 환경교육 자료 개발 및 적용으로 문제 해결 능력 신장시킨다. 이러한 환경보존 의지를 바탕으로 생활 속에서 자발적으로 참여하고 실천할 수 있도록 환경 실천 프로그램을 개발·적용하는 것이 좋다.

교사의 생태·환경교육 전문성을 신장하여 환경교육 인식을 제고할 수 있도록 지원한다. 수업시간은 교사와 학생 간의 감성적 소통으로 생태·환경교육이 가장 잘 이루어 질 수 있다. 이를 위해 생태·환경교육 공동연수나 직무연수 등 체험 중심의 연수를 운영하는 것이 바람직하다. 아울러 환경교육 실천 교사동아리를 운영하고 교육과정 연계 및 통합형 환경교육 수업모델을 적용하여 다양한 체험 프로그램 개발 및 사례를 발굴한다.

지역사회의 유기적인 협조를 통하여 실천 중심의 지속가능한 생태·환경교육이 가능하도록 지원해야 하겠다. 생태·환경교육에 대한 교사의 전문성이 부족한 부분은 학부모나 지역사회와 연대한 교육 프로그램으로 대신할 수 있다. 지역사회에 생태·환경교육 지원센터를 구축하여 체계적인 교육 프로그램으로 생태·환경 전문가를 양성하는 것이 타당하다. 아울러 지원센터가 지속가능한 실천 중심의 생태·환경교육 기능을 수행하도록 운영해야 한다.

미래사회의 주역인 학생들에게 생태적 감수성을 바탕으로 과학적이고 체계적인 체험 중심의 생태·환경교육을 실시하는 것이 시급하다. 이러한 과정을 통하여 주체적이고 능동적으로 행동하며, 자연과 사람 관계를 인식하고 문제 해결력을 신장하게 된다. 결국 그들은 생명에 대한 경외심, 인간의 한계 등을 인지하는 능력을 갖춘 건강한 민주시민으로 성장할 것이다.

다시 공교육 정상화를 위하여

　언젠가 한국교원대학교에서 설동근 부산광역시 교육감의 강연을 수강한 적이 있다. 설 교육감은 '부산발 교육혁명'에 걸맞은 소신과 공교육 정상화를 위한 남다른 의지를 보였다. 아래에서는 부산발 교육혁명을 토대로 공교육 정상화 방안을 강구해 본다.

　우수교사의 연구 수업 공개이다. 우수한 교사의 수업을 릴레이 식으로 시도교육정보원홈페이지에 공개하여, 다른 교사들이 벤치마킹을 하도록 한다. 벤치마킹이란 우수한 대상을 찾아 성과 차이를 확인하고, 운영 프로세스를 배우면서 자기 혁신을 추구하는 경영 혁신 기법을 말한다. 여기서 벤치마킹 프로세스는 '대상 선정→팀의 구성→파트너 확정→정보 수집 및 분석→실행' 순으로 운영되는 과정이다.

　학부모와 함께하는 수업 개선이다. 이 모형은 일본 도쿄대가 학습시스템을 지원해 주는 한 일본의 초등학교를 벤치마킹한 것이다. 학교에서 일정한 교육을 수료한 학부모를 격주간으로 시행되는 토요 가정학습일 강사로 투입시킨다. 학부모 강사는 다양한 프로그램을 운영하거나 재량 활동, 특별 활동, 체험 활동 등의 활동을 하게 된다.

무학년, 탈학교제 보충수업이다. 무학년, 탈학교제 보충수업은 일종의 수준별 학습으로 학년이나 학교의 테두리를 벗어나는 모형이다. 정규수업이 끝난 학생은 강의가 개설된 학교로 찾아가 수업을 받는다. 학교에서는 인근 몇 개의 학교와 연계하여 강좌를 개설하고, 학생이 원하는 학교 교사의 수업을 받도록 한다. 학생들은 자신의 실력에 맞게 선행학습을 하거나 복습을 할 수 있고 부족한 단원만을 다시 배울 수 있다.

대학에서 배우는 제2외국어이다. 지금의 교육과정상 한 고등학교에서 여러 가지 제2외국어 과목을 개설하기란 쉽지 않다. 대부분의 학생은 학교에서 개설한 한두 과목 중에 하나를 선택하여 수강하는 형편이다. 교육청과 대학이 협의하여 다양한 제2외국어 과목을 개설하면, 학생은 방학을 이용하여 대학에서 수강하면 된다. 학생들에게 다양한 제2외국어 선택 기회를 주는 것은 세계화, 국제화라는 시대적 흐름에도 어긋나지 않는다.

병원학교 개설이다. 병원학교 개설은 학교나 교사 중심 교육이 아니라 수요자 중심 교육의 전형을 보여주는 모형이다. 병원학교는 장기 입원하여 치료 받는 학생을 위한 특수학교 형태로 운영된다. 수업은 학생 수준에 맞게 개인교습 방식으로 진행되며, 출석이 인정되므로 퇴원 후 바로 정규학년으로 복귀할 수 있다. 이 모형은 병원에서 질병으로 절망하는 학생에게 희망을 주고, 심리적으로 안정된 상태에서 치료를 받게 하는 효과도 있다.

독서 활동의 대학입시 반영이다. 대학입시가 수학능력시험 중심에서 학교생활기록부종합전형 중심으로 변하는 상황에서 독서 활동이 대입 당락에 중요한 역할을 한다. 하지만 당시 학생들의 독서 활동을 대학입시에 반영한다는 것은 획기적 발상이었다. 부산, 울산, 경남 지역 19개 대학과 부산시교육청이 학생의 독서 활동을 대입전형에 반영한다는 협약을 맺었다. 독서 활동의 대학입시 반영은 독서 활동 확산으로 이어져 잠재력과 창의력을 지닌 학생이 제대로 평가를 받게 될 것이다.

최근 경제가 어려워지면서 '공교육 정상화'에 대한 국민의 기대는 매우 높다. 공교육의 정상화는 어느 한 사람의 힘으로 달성될 수 있는 사안이 아니다. 교육의 주체인 학생, 학부모, 교사가 삼위일체가 되어 교육의 미래를 위해 고민할 때 비로소 가능하다. 우리 모두 눈앞의 이기심을 버리고 희망찬 교육의 미래를 위한 지혜를 발휘해야 하는 시대를 살고 있다.

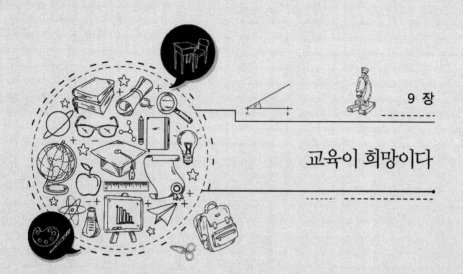

9 장

교육이 희망이다

3월을 보내며

　3학년 졸업생을 보내고 허전함을 느끼기도 전에, 햇병아리처럼 예쁘고 생동감 넘치는 신입생이 그 자리를 대신한다. 하지만 이들은 이러한 수식어와는 어울리지 않게 서먹한 친구, 새로운 선생님, 낯선 환경에 적응하고자 다양한 방법을 시도하고 있다. 매년 3월의 학교는 그야말로 동물의 왕국이라 표현할 만하다. 동물의 왕국에서 동물은 대부분 배설물로 영역을 표시하지만, 3월의 학생들은 나름의 기싸움으로 존재감을 표현한다. 학교 여기저기에서 하루에도 몇 번씩 고성과 주먹이 오가고, 생채기를 내고, 울음이 터져 나온다.

　3월의 교사는 연중 어느 때보다 분주하다. 3월에 수행하는 일들은 연간 업무 중에서 3분의 1일은 넘는 듯싶다. 아침 8시에 출근하여 조회, 상담, 수업, 행정업무 처리 및 종례를 하고 나면 벌써 퇴근 시간이다. 하루가 순식간에 지나가고 1주일이 하루나 이틀처럼 느껴지기도 한다.

언젠가 공신력 있는 한 기관에서 교사에 대한 흥미로운 설문조사를 한 바 있다. 설문조사에 의하면 '교사란 누구인가'라는 질문에 직업인(57.9%), 존경받는 사람(25%)이 각각 1, 2위를 차지했다. 아울러 '교사에게 무엇을 원하는가'라는 질문에 대해서는 사회적 존경(49%), 경제적 대우(18.9%)라는 답변이 나왔다. 그리고 자애로운 교사(49.3%)와 전문적인 자질(30.1%)을 갖춘 교사를 가장 바람직한 교사의 모습으로 조사되었다. 특히 교사를 존경하는 이유로는 따뜻한 인품 때문이며, 편애하는 교사를 가장 싫어하는 것으로 나타났다.

이러한 조사를 통해 우리 사회에서 교사의 위상이 상당 부분 변하고 있다는 것을 알 수 있다. 이제 교사도 사명감보다는 한 사람의 직업인으로 전락하고 있다는 것을 증명하고 있는 것이다. 교사가 맡은 역할을 제대로 수행하기 위해서는 사회적 존경이 바탕이 되어야 한다. 제자들을 위하여 애정과 관심을 갖고 끊임없이 베풀 때만이 존경받는 교사의 반열에 오를 수 있다.

자크 아달리는 교직을 21세기에 사라질 직종 중에 하나로 예언하였다. 오늘의 교육 현실을 주시할 때 이 말은 의미심장하게 다가온다. 설사 그렇다 하더라도 교사는 오늘 교육나무 한 그루를 심지 않을 수 없다. 이러한 작업을 위한 몇 가지 실천 과제를 생각해 본다.

학교 현장에서 교사보다는 학생 중심으로 사고방식의 전환이 절실하다. 교사가 학생을 위한 배려를 우선으로 여길 때 학생 또한 교사를 바라보는 시각이 달라진다.

명확하게 설명하는 능력을 갖고, 빈틈없는 수업준비와 교수·학습

방법에 대한 지속적 연구가 필요하다. 수업에 대한 열의와 교수·학습 내용과 방법에 대한 고민은 학생의 학업 성취도를 높일 수 있는 가장 좋은 방법이다.

학생들에게 희망을 주고 되도록 많은 시간을 할애하여 학생 개개인에 대한 관심을 가져야 한다. 수업시간뿐만 아니라 평소에 학생 개인의 성격, 가정환경, 관심사항, 고민거리 등 일일이 꼽을 수 없는 것까지 세심하게 관찰해야 할 것이다.

교사는 일방향적 주입식 수업보다는 양방향적 토론 위주의 수업이 될 수 있도록 노력해야 한다. 현재의 교실 여건에 맞게 협동학습을 도입하고 교사와 학생, 학생과 학생이 상호 소통할 수 있는 기회 제공이 요청된다.

오늘의 교사는 권위나 직책, 직분만으로 학생의 마음을 움직이게 할 수 없는 시대를 살고 있다. 교사에 대한 학생의 존경심은 과거처럼 무조건적이지 않다. 학생의 마음에 영향력을 미칠 수 없다면 그들과 좋은 관계를 형성하기는 어렵다. 교사는 말과 행동을 일치시키고 학생을 감동시킬 수 있는 나름의 역량을 배양해야 한다. 다시 교육 철학자 헨리 애덤스의 말을 생각해보자 "스승 한 사람이 미치는 영향은 영원히 지속된다. 그 영향이 어디서 멈추는가는 아무도 모른다."

리더와 관리자

리더십은 학교 현장에서 교장, 교감으로 대표되는 관리자에게 여전히 중요한 덕목으로 인식된다. 리더십 이론에서는 모든 사람은 자기 자신을 이끌어 가는 셀프 리더십을 지녀야 한다는 논리를 편다. 셀프 리더십은 '수신제가치국평천하(修身齊家治國平天下)'라는 말처럼 자신이 먼저 변하고 남을 변화시킨다는 뜻이다. 교사를 관리하는 관리자는 셀프 리더십으로 사명감과 존재 가치를 인식하고 바람직한 목표 달성을 위하여 내적 의지를 강화하여 자신을 통제하는 능력을 갖춰야 한다. 교사는 관리자의 관리하고 감독하는 능력보다는 행하는 삶의 자세를 통하여 그들의 자질을 파악하기 때문이다.

리더십이란 개인과 집단의 목표 달성을 위해 구성원이 자발적으로 참여할 수 있도록 영향력을 행사하는 것이다. 여기서 말하는 영향력이란 사람을 변화시키고, 새롭게 하며, 힘을 주고 영감을 주는 행위의 의미를 포괄한다. 최근 관리자와 리더를 구별하여 관리자는 변화를 거역하고 현실에 안주하려는 부정적 성향을 갖는 인물로, 리더는 변혁을 주도하는 이상적 인물로 여긴다.

워렌 베니스는 관리자와 리더의 차이를 '책임 수행/ 혁신 주도, 모방/ 창조, 유지/ 개발, 시스템과 구조의 초점/ 인간에 초점, 통제 위주/ 신뢰에 기초, 단기적/ 장기적, 언제, 어떻게에 관심/ 무엇을, 왜에 관심, 수직적 관점/ 수평적 관점, 현 상태 수용/ 현 상태에 도전, 전통적인 충복/ 독자적 인간, 일을 옳게 함(How)/ 옳은 일을 함(What)' 등으로 제시하였다.

이처럼 관리자는 창의보다는 모방에 능숙하여 단기적 안목에 사로 잡혀 현상을 고수하려는 인물이다. 이들은 상급자에게 맹목적으로 충성과 복종을 중시하는 수직적 통제의 관점에 치중하며, 지시받은 일을 처리하는 수단과 방법만을 존중하여 결과 만능주의적 성향을 지닌다.

반면에 리더는 주어진 일을 수행하는 방법에만 치중하기 보다는 해야 할 일, 중요한 일, 핵심적인 일을 발견하여 장기적 관점에서 일을 수행한다. 아울러 신뢰와 창의를 중시하고 수평적 사고방식을 지녀 과정을 중요시하고 있다. 관리자는 통제적 사고방식으로 다른 사람을 관리하고 감독하지만 리더는 다른 사람을 지원하고 격려하면서 계발을 돕는다.

리더 우위론을 주장하는 견해를 종합하면 리더십은 단순히 집단이나 조직의 목표 달성을 위해 행사되는 능력에 한정되어 있지 않다. 목표 달성의 과정에 구성원들의 자발적 참여와 변화를 통해 달성되는 바람직한 과정에 초점을 맞춘다. 따라서 강제성이나 중앙집권식 통제를 통한 관리나 감독보다는 자발적 참여를 이끌어 내는 리더십이야 말로 조직의 목표 달성과 바람직한 변화를 이끌어 내는 원동력으로 작용하는 것이다.

이러한 리더는 그린리프의 서번트 리더(섬김의 리더)와 맞닿아 있다. 이는 인간이란 누구나 다른 사람에게 봉사하고자 하는 본연의 감정을 가졌다는 데서 출발한다. 권위주의적 관리자는 개인의 경쟁심을 조장하며 이를 활용하여 부하를 움직인다고 여긴다. 아울러 자신의 경험과 지식이 부하보다 우위에 있다고 보아 부하를 자신의 틀 안에 가둔다. 하지만 서번트 리더는 팀 성과를 중시하며 커뮤니티를 형성할 뿐만 아니라 부하의 능력을 믿고 업무와 관련하여 그들의 판단을 존중한다.

성경 「마태복음」에서는 '너희 중에 누구든지 크고자 하는 자는 너희를 섬기는 자가 되고, 너희 중에 누구든지 으뜸이 되고자 하는 자는 너희의 종이 되어야 하리라.'라고 하였다. 노자는 『도덕경』에서 말한다. '사람들이 그에게 복종하고 갈채를 보낼 때 그는 훌륭한 리더에서부터 멀어지기 시작한다. 진정 훌륭한 리더는 가급적 말을 적게 하면서 조용한 가운데 목표에 도달함으로써 그의 임무를 다하는 사람이다. 목표가 달성되었을 때 사람들은 말한다. 우리 모두가 이 일을 해냈다.'라고……

남학생과 남성성

　우리학교에서 여학생을 만나기란 하늘의 별따기만큼이나 어렵다. 워낙 외곽지역에 위치할 뿐만 아니라 남학생으로만 구성된 남자학교이기 때문이다. 그러니만큼 학교 여기저기에는 남성다운 흔적들을 자주 목격할 수 있다. 학교 건물 벽 군데군데에 찍힌 신발 자국과 교실 문이나 책걸상에 나 있는 각양각색의 상처가 그것을 증명한다.

　크리스토퍼 킬마틴은 자본주의 사회에서 남성의 가치는 축적된 자본의 양이나 몸값에 따라 평가된다고 하였다. 경제적 능력이 남성적 권위와 권력을 부여하여 남성의 정체성 판단에 중요한 영향을 미치는 것으로 보았다. 그는 남성이 경제적 능력이 없다면 진정한 남성의 반열에 오를 수 없다고 선언한다. 결국 남성의 경제적 능력은 최상의 권력이며 남성의 매력도 경제적 힘에 의존하고 있다. 때문에 남성이 직업을 잃거나 수입이 줄면 무력감이나 소외감을 느끼며, 정체성마저 위기에 직면하는 것이다.

홉스테드에 의하면 남성적 사회의 지배적 가치는 돈과 물건에 집중된다. 여성적 사회의 지배 가치는 다른 사람을 보호하고 겸손하며 따뜻한 인간관계를 중시한다. 하지만 남성적 사회의 남성들은 자기 주장적이고 야심만만하며 거칠다. 이러한 연구 결과에 기대면 한국 사회는 남성성이 강한 문화를 지니는 셈이다. 특히 우리나라는 장유유서(長幼有序)에 토대를 둔 질서와 가부장제 및 군사문화 등이 자본주의 경제논리와 연결되어 남성적 지배구조가 강하게 나타난다. 반면에 여성은 차별되고 소외되는 경향이 있다.

하지만 최근 우리나라의 남성성은 변화된 양상을 보인다. 그것은 학교가 점차 여성화되고 있다는 것에 기인하는 부분이 많다. 작년에 우리학교는 집중이수제로 유래 없이 1학년 학생들에게 체육 수업을 실시하지 못했다. 이러한 결정에 대부분 교사는 관심이 없었을 뿐만 아니라 문제가 있을 것으로 예상하지 않았다.

하지만 체육시간을 잃어버린 1학년 학생들은 고삐 풀린 망아지 마냥 교실이나 복도를 아랑곳하지 않고 뛰어다녔다. 화장실을 갈 때나 점심 식사시간뿐만 아니라 하교시간에도 그 행동을 계속되었다. 실내 장난이 지나쳐 상처가 나거나 팔다리가 골절된 학생도 여럿 있었다. 이렇듯 상해 입은 학생을 2, 3학년 학생과 비교해 보니 그 숫자가 훨씬 많았다. 뒤늦게 분위기를 눈치 챈 학교 측은 점심시간만이라도 1학년 학생이 우선적으로 운동장을 활용할 수 있도록 배려하여 위기를 모면하였다. 이러한 사례는 졸속적이고 근시안적인 교육정책이 남학생의 남성성을 얼마나 억압하는지를 잘 보여준다.

우리나라 학교 자체가 학생의 덕성이나 체력보다는 지식 습득에 치중하는 시스템을 견지하고 있다. 이러한 교육 현실은 능동적인 남학생보다는 수동적인 여학생에게 더 유리한 경향이 없지 않다. 수업시간에 소란을 피우거나 활동적으로 움직이는 남학생보다는, 차분하게 교사의 말에 귀 기울이는 여학생이 더 모범적으로 인정받기 때문이다.

최근 초등학교 6학년 재학생을 둔 남학생 학부모는 남녀공학 중학교 진학을 기피하고 있다. 남녀공학에 진학하면 수행평가나 높은 내신 성적에서 불리하기 때문이다. 남학생이 운동이나 게임에 빠질 때, 여학생은 열심히 공부를 한다. 뿐만 아니라 여학생은 수행평가까지 꼼꼼하게 챙겨 남학생보다 높은 성적을 내는 것이다.

이러한 우리나라 학교 분위기에서 남학생은 남성성을 억압하는 데 많은 에너지를 소모한다. 반면에 여학생은 학교에 적응하기가 수월하기 때문에 사회 진출에도 유리한 고지를 점령하게 된다. 실제로 이미 교직의 절반 이상을 여성이 차지하며, 앞으로 법조인이나 의료계 및 전문직 진출에도 남성을 앞설 것으로 예상하고 있다. 같은 남자로서, 아들만 둘 둔 아버지로서 심히 안타깝고 염려스럽다. 지, 덕, 체의 조화로운 교육을 위해 무엇을, 어떻게 해야 할지 심각하게 고민하지 않을 수 없다.

학습상담이 필요한 시대

디지털시대가 가속화될수록 학교 현장에서 학생을 지도하는 교사에게 요구하는 것도 늘고 있다. 그렇기 때문에 교사는 정치, 경제, 사회, 문화 등 모든 분야에 대한 관심과 해박한 지식을 소유해야 한다. 컴퓨터가 대중화되면서 하루에 생산되는 지식의 양은 엄청나고 그것은 지천에 널려 있다. 조금이라도 방심하면 시대에 적응하지 못하는 낙오자가 되기 십상이다.

그렇지만 교사가 신이 아닌 이상 생산되는 모든 지식을 습득할 수는 없다. 그럴수록 학교 현장에서 학생들이 절실하게 요구하는 것을 발견해 내는 혜안이 필요하다. 다른 것은 차치하더라도 교과에 대한 전문지식, 생활지도, 상담 등의 삼박자만 제대로 갖추어도 유능한(?) 교사 반열에 오를 수 있다. 특히 상담분야 중에서 학습상담사가 최근 학부모와 교사 사이에 많은 관심을 받는다.

학습상담사는 학생들의 공부에 대한 철학, 학습기술, 학습습관 및 학습에 영향을 줄 수 있는 심리적 측면을 종합적으로 접근할 수 있다. 이러한 과정을 통해 학생들의 학습에 대한 태도, 수행 등을 긍정적으로 변화시키게 된다. 학습이 단순히 유전적이거나 우직하게 파고들면 된다는 식의 전통적 이론과는 달리 과학적 방법으로 접근하는 것이다.

우리는 주변에서 '공부는 열심히 하지만 결과가 만족스럽지 못한 학생'이나 '공부가 무조건 하기 싫은 학생'을 종종 접한다. 학습상담자는 이러한 학생을 대상으로 학업과 관련한 제반 문제를 상담한다. 좀 더 효율적인 개입을 위한 진단과 평가를 실시하고, 학습자의 문제가 심리적인 원인을 경우 심리상담을 통하거나 학습 전략적 측면에서 개입하기도 한다.

우리나라에서 학습(學習, Learning)이라는 명사와 무관하게 살아가는 사람은 없다. 학습이란 사전적 의미로 배워서 익힘. 경험의 결과로 나타나는 비교적 지속적인 행동의 변화나 그 잠재력의 변화, 또는 지식을 습득하는 과정으로 정의된다. 학습은 경험으로 인한 행동의 변화로 유전된 행동과는 다른 종류의 기제이다.

특히 우리나라는 평생학습이라는 말이 나올 정도로 학습에 대한 관심은 세계 어느 나라보다도 높다. 그런 만큼 학습상담에 대한 관심도 여기에 비례한다. 최근 한국학습상담학회나 한국교육상담학회를 중심으로 학습상담사 교육과정을 개설하여 학습상담사를 배출하고 있다. 이는 학습에 대한 온 국민의 열정과 관심에 비한다면 다소 때 늦은 감이 없지 않다.

학습상담자 교육과정 커리큘럼을 살펴보면 심리검사 즉, 성격검사, 학습종합 진단검사, 교육유형검사 등의 실시 및 해석, 상담기본기술, 학습 기술, 아동 및 청소년에 대한 이해 등으로 정리된다. 세부적 1단계에서는 학습상담 모형, 학습과 발달(인지, 지능, 성격), 성취수준별 학습자 특성, 학습자 발달특성. 2단계에서는 교과과정의 이해, 교과목별 학습방법, 진단과정(학습 관련 검사, 집중력 검사), 학습법(교과서 중심 학습법, 문제집 활용 학습법) 3단계에서는 인지과정에 따른 학습문제 및 학습 개입방법, 학습 상담 집단 프로그램의 실제, 학습상담의 구조화, 사례연구 등을 학습하게 된다.

우리나라 학생들이 OECD 국가 중에서 가장 공부를 많이 하는 것으로 발표되었다. 특히 국제학업성취도평가(PISA)에서는 핀란드가 다소 앞서지만 우리나라가 최상위권에서 호각지세(互角之勢)를 보인다. 그러나 공부의 효율성 측면을 살펴보면, 우리나라(65.4%, 24위)는 핀란드(96.6% 1위), 일본(82.6% 6위), 영국(72.6% 16위)보다 못한 지수를 기록하고 있다.

결론적으로 우리나라 학생들은 성적은 좋지만 학습효율이 크게 떨어지는 것으로 나타났다. 학생들에게 더 많이 공부하라고 말하지 말자, 그들은 이미 세계 유래가 없을 정도의 초장시간 공부하고 있다. 이제 우리 모두 학생들이 효율적으로 공부할 수 있도록 학습상담에 관심을 갖는 것도 좋은 방법이라 하겠다.

학교 갈등 해결 방안

입춘을 보내면서 암울하고 지루한 현실의 겨울 또한 지나갔으면 하는 맘 간절하다. '입춘대길 건양다경(立春大吉 建陽多慶)'이란 말처럼 입춘을 기점으로 국가적으로 상서롭고 경사가 많은 한 해가 되었으면 하는 바람이다.

각급 학교에선 겨울 방학을 끝내고 졸업식과 신학기를 맞이할 준비로 부산하다. 이 시기에 교무실에서 빠질 수 없는 것이 교사와 관리자의 다양한 유형의 갈등이다. 각 교육청에서는 수업과 생활교육 중심의 학교 운영으로 이러한 갈등에 대처하고자 하나 말처럼 쉬운 일이 아니다. 학교 갈등은 관리자를 중심으로 교사들의 자발적 협조로 해결 방안을 마련하는 것이 올바르다.

새로운 학년이 시작되기 전인 2월에 교직원 모두가 학교를 벗어나 연수를 떠난다. 연수 프로그램 중 교직원 대토론회를 통하여 새로운 학년도 학교 비전을 제시하고 공유하는 시간을 마련해야 한다. 이러한 과정에서 수업과 업무뿐만 아니라 학교 경영에 대한 합리적 대안을 도출할 수 있다.

관리자 중심의 하향식 업무분장 방법을 지양하고 업무분장 희망서 및 직무수행계획서를 접수하고 공개해야 한다. 순간의 선택이 1년을 좌우한다는 말처럼 새로운 업무분장에 대한 예민한 시각은 30년이 넘은 베테랑 교사에게도 예외는 아니다. 경쟁업무에 대한 희망 교사의 상호토론과 관리자의 중재가 필요하며 최종적으로는 교내 인사위원회 토론을 거쳐 결정하는 것이 바람직하다.

학교 갈등을 해결하기 위해서는 교사의 내적동기를 강화하고 학교를 민주적으로 운영해야 한다. 새로운 업무에 대한 연수와 교원의 행정업무를 경감하는 것이 우선적으로 해결해야 할 과제이다. 아울러 담임 선택제, 담임 중임제, 담임 안식년제, 순환보직제, 부장선출제, 스몰스쿨제, 멘티멘토제 등의 새로운 제도를 도입할 필요가 있다.

평소 관리자는 비공식 조직인 오피니언 리더와 정례적인 만남을 통해 갈등 요인을 찾아낸다. 학교장은 권한 위임 규정을 이행하고 경영마인드 제고 연수로 민주적인 학교를 운영해야 한다. 또 교원의 자발적인 전문적 학습공동체, 동아리, 연구회 및 AT캠프 등을 활성화하여 학습과 소통 중심의 학교 분위기를 조성해야 할 것이다.

학교의 주인은 교원이나 관리자가 아니라 교육공동체 모두의 것이라는 인식이 중요하다. 학교와 지역사회의 교육 거버넌스로 협업체계를 구축하고 학부모의 학교 참여 기회를 늘린다. 이를테면 학부모와 함께하는 학교 행사를 확대하고 학부모 진로코치나 학습코치 및 홍보요원 양성을 활성화해야 한다.

학교 내 갈등을 해결하기 위해서는 관리자와 교원뿐만 아니라 교육공동체 사이의 인간적 유대감이나 친밀한 교감을 가져야 한다. 평소 교육공동체 모두의 제대로 된 소통이 갈등 해결의 묘약이다. 특히 학교를 지역사회에 되돌리는 작업의 일환인 행복교육지구가 제대로 착근되도록 노력하는 것도 중요한 일이 아닐 수 없다.

기초교육을 세울 때

교육(敎育)은 사전적으로 인간의 가치를 높이고자 하는 행위 또는 그 과정으로 정의된다. 한자를 살펴보면 교육이란 맹자의 '득천하영재이교육지(得天下英才而敎育之)' 즉 '천하의 영재를 모아 교육하다.'라는 글에서 비롯되었다. 다 아는 것처럼 '敎'는 매를 가지고 아이를 길들인다는, '育'은 갓 태어난 아이를 살찌게 한다는 즉, 기른다는 의미가 된다. 영어의 'education', 독일어의 'erziehung', 프랑스어의 'éducation' 등은 모두 라틴어 'educatio'에서 시작하였으며 '빼낸다, 끌어 올린다'라는 뜻으로 미숙한 상태를 성숙한 상태로 개발한다는 의미를 지닌다.

동서양을 막론하고 교육이란 상대방을 사랑하는 마음에 바탕을 두고 있다. 상대방을 사랑하는 마음이 존재하기에 교육적 영향을 주어 성숙한 인간으로 성장하도록 배려하는 것이다. 교육은 본래 가정의 밥상머리를 중심으로 전개되었다. 가족끼리 식사하면서 자연스러운 교육이 이루진 것이다. 우리의 할아버지, 할머니, 아버지,

어머니가 교육의 중심적 기능을 수행하였다. 하지만 사회가 다양화되면서 밥상머리 교육은 한계를 실감하고 이 기능은 국가가 맡게 되었다. 실제로 국가가 모든 국민의 교육의 실질적 기능을 담당하게 된 것은 불과 100년 전후에 불과하다.

전 서울특별시 교육감은 기자간담회 자리에서 학습부진을 바로잡는 것은 공교육의 무한책임 영역에 속하는 부분이라고 말했다. 아울러 이번 여름방학에 기초학력 미달학생, 학습부진 학생들의 기초학력을 잡아줄 파격적 프로그램을 마련하겠다고 밝혔다. 프로그램을 통해 학습부진아를 찾아내고 기초학력을 다질 수 있도록 하겠다는 의지를 보였다.

한국교원대학교 권재술 전 총장은 학교교육을 3단계로 구분하였다. 그것은 '기초교육→이해교육→창의성교육'으로 분류된다. 기초교육은 지식전달에 목적이 있으며 엄격한 규율과 반복된 훈련이 필요하고 강의와 훈련으로 이루어진다. 이해교육은 개념 이해가 목적이며 의문의 유발과 논리적 전개가 필요하며 강의, 발표, 토의 등으로 전개된다. 창의성교육은 창조가 목적으로 학습자 위주의 자유분방한 분위기가 중요하며 발표와 토의 중심으로 진행되는 것이다. 세 가지 개념 중에서 어느 것 하나 중요하지 않다고 할 수는 없다. 하지만 일반적 교육과정에서 이해교육은 70~80%, 기초교육은 100% 달성을 목표로 설정하기에 기초교육이 가장 중요한 위치에 있는 것은 사실이다.

우리가 수학문제를 풀든 운동을 하든 인생을 살든 가장 중요한 것은 기초이다. 얼마 전 한 신문에 '서울대 신입생 측정 결과: 이공계 수학실력 끝없는 추락'이라는 기사가 실렸다. 서울대 이공계 신입생을 대상으로 수학성취도를 측정한 결과 해가 갈수록 수학실력이 저하되고 있다는 내용이었다. 기초를 튼튼히 쌓지 않고 주어진 문제만 틀리지 않으면 된다는 단순한 생각의 결과이다. 유명 테니스 선수도 게임이 풀리지 않을 땐 가장 기초적인 라켓 잡는 법부터 다시 시작한다는 말은 의미심장하다. 우리의 삶에서도 가장 기초적인 정직성이 부재하면 모든 권력과 명예가 하루아침에 바닥으로 추락하는 것을 수시로 경험을 한다.

이렇듯 기초교육은 정직성을 바탕으로 엄격한 규율과 반복적인 훈련으로 이루어진다. 혹자는 기초교육만 강조하다보면 창의성교육을 놓칠 수 있다고 염려한다. 기초교육은 기초수준에서만 이루어지는 것은 아니다. 한 시간의 수업시간에도 기초교육과 창의성교육은 공존하며 그것은 상보적 관계로 존재하고 있다.

기초교육은 학생들이 성숙한 인격과 지식을 겸비한 세계시민으로서 지녀야 할 품성과 소양을 기르는 것을 근본 목적으로 한다. 그것이 지식기반 사회가 요청하는 판단력과 도덕성 그리고 지적 호기심과 창의적 문제해결력을 계발하는 토대로 작용한다는 사실을 망각해서는 안 된다.

방과후학교에 대한 단상

정권이 바뀔 때마다 더불어 교육정책도 바뀐다는 말이 이번 정권에서도 예외는 아니다. 새 정부 출범 1년을 맞이하는 2009년 벽두엔 '방과후학교 부장'이라는 새로운 부장교사 자리가 생겼다. 업무추진의 안정성과 전문성을 높인다는 본래의 취지와는 달리 교무실에서는 방과후학교 부장을 독립군이라 부른다. 단 한 명의 계원도 없이 막중한(?) 업무를 외롭게 수행하는 고독한 자리이기 때문이다.

방과후학교는 사회 양극화 완화를 위한 교육격차 해소 방안이 필요하다는 요청과 저출산 고령화 등 사회 변화에 부응하는 교육 서비스 요구 및 사교육비 경감을 위한 방과후 교육 활동 개선의 필요성 증대 등의 이유로 추진되었다.

그런데도 불구하고 방과후학교에 대한 반대 여론도 만만치 않다. 이유인즉, 방과후학교가 오히려 학교를 학원화하여 입시경쟁을 과열시키고 초중학교의 보충수업을 부활시킬 우려가 있다는 이유 때문이다. 아울러 농산어촌에 대한 지원이 미비하여 지역 간의 교육 격차를 심화시키며, 수익자 부담 원칙으로 가정형편이 어려운 학생에 대한 배려가 부족하다는 논리를 편다. 방과후학교가 학교 현장에 제대로 뿌리를 내리고 열매를 맺기 위해서는 이러한 지적을 겸허히 수용하면서 몇 가지 대안을 제시할 수 있다.

학생이나 학부모를 대상으로 방과후학교의 수준 높은 프로그램과 우수 강사에 대하여 적극적으로 홍보를 해야 한다. 가정통신문 한 장으로 면피하기 보다는 학교 홈페이지에 게시하거나, 전자 우편이나 문자를 보내든지 가정통신문을 우편으로 발송하는 방법 등을 강구할 수 있다.

방과후학교에 대한 학교와 학부모 사이에 지속적 상호소통이 있어야 한다. 최근 학부모의 학교에 대한 관심은 말할 필요조차 없을 정도로 크다. 학부모에게 방과후학교 업무 보조를 의뢰하거나 프로그램에 대한 자문이나 모니터링 활동을 요청할 수도 있다.

교육부에서 방과후학교 홈페이지 운영을 더욱 활성화해야 한다. 홈페이지에 방과후학교 관련 우수한 자료들은 탑재하고 학교 현장에서 자유롭게 활용하도록 체계적 관리가 필요하다. 홈페이지가 방과후학교 구심점이 되어 방과후학교 종합계획과 연도별 시행계획 수립 및 우수 프로그램을 지속적으로 연구·개발하여 훌륭한 커뮤니티 역할을 감당해야 할 것이다.

미국의 '방과후학교'나 독일의 '온종일학교' 프로그램을 검토·수용할 필요가 있다. 미국의 방과후학교는 철저히 가족과 함께하는 활동으로 진행된다. 이 과정에서 가족의 기능과 학생의 학교 적응력이 향상되고, 학생과 부모의 스트레스가 줄어든다. 독일의 '온종일

학교'는 과외 활동과 보육 프로그램 위주로 이루어지며, 맞벌이 가정을 위해 학생의 숙제를 학교에서 전적으로 도와주기도 한다.

공교육 정상화를 위하여 묵묵히 학교 현장을 지키는 교사의 사기 진작을 위한 노력을 해야 한다. 미국의 오바마 전 대통령도 교사의 사기 진작으로 위해 다각도로 노력하였다. 부시 정권 시 만든 교사 퇴출이라는 용어 대신 교사의 전문성 신장을 위한 연수 제도 확충과 우수교사에 대한 재정적 인센티브를 제공할 계획을 세웠다.

하늘 아래 모든 제도와 정책은 사람에 의해 만들어지고 운영된다. 때문에 교육정책에 대한 일관성과 보편성 및 합리성을 근거로 심도 있는 연구를 선행하여 시행착오를 최소화해야 한다. 지금은 방과후학교에 대하여 흑백논리로 접근할 시기가 아니라 공교육 정상화를 위하여 함께 머리를 맞대고 고민해야 할 때이다.

지속가능발전교육 실천 방안

최근 우리나라에서도 지진이 발생한다는 소식을 어렵지 않게 접할 수 있다. 그것은 우리나라가 더 이상 지진 안전지대가 아니라는 것을 의미한다. 연일 지속되는 때 이른 폭염과 심상치 않은 날씨도 기상 이변의 또 다른 모습을 보였다.

지구를 유기체로 보아 자정하는 능력을 지닌 생명체로 인식한 가이아 이론에 기대지 않더라도 지구의 생명을 생각하게 된다. 인류가 지구를 무차별적으로 학대하여 더 이상 지구가 버틸 수 없게 되었을 때, 지구의 종말이 오는 것이 아닌지 심각하게 고민하지 않을 수 없다.

지구는 기후뿐만 아니라 절대 빈곤, 금융경제 위기, 대량소비 확산, 인간안보 위협 등으로 몸살을 앓고 있다. 이러한 상황에서 벗어나기 위해 지속가능발전교육(Education for Sustainable Development)의 중요성을 인식한다. 이 용어는 1987년 개최된 환경 및 발전에 관한 브룬트란트 위원회에서 처음 제시된 개념이다. 그것은 현세대의 욕구를 만족시키면서 미래세대의 필요를 희생시키지 않는 발전 교육을 의미한다.

각 교육청은 지구 온난화와 에너지 위기 등 환경관련 문제에 대비하기 위해 지속가능발전교육에 토대를 둔 녹색·환경교육을 강화하고 있다. 교육 목적으로 지속가능발전 및 저탄소 녹색성장교육을 통한 환경교육 강화, 녹색생활 태도 습관화를 위한 친환경교육의 지속적 추진, 직접 실천하고 느끼는 환경체험교육으로의 전환 등을 제시하였다. 세부적 실천 사항은 다음과 같다.

녹색성장교육 프로그램을 운영한다. 녹색성장교육 연구회나 녹색생활 실천의 날 지정 및 녹색환경봉사단을 조직한다. 환경보호 캠페인 전개하고 지속가능발전교육 지도자료를 개발·보급 할 수 있다. 또 학교별 녹색동아리 운영을 활성화하는 것도 좋다.

지속가능발전 환경체험교육 프로그램을 운영한다. 학교별로 지구 체험 활동으로 지역 환경사업소나 하수종말처리장 체험 활동을 할 수 있도록 계획을 세운다. 또 학교 교육과정에 환경부 및 에너지관리공단 연계 체험 프로그램 등을 편성할 수 있다.

에코스쿨을 운영하여 관찰 교재원과 암석원 및 곤충 사육 재배장을 조성한다. 아울러 학교별 자투리땅 텃밭 체험마당을 설치하고 학교별 환경 데마교육이 가능한 인프라 구축이 필요하다.

1996년 유네스코에서 발간한 '들로르 보고서'는 어떤 교육을 선택하느냐에 따라 어떤 사회에서 살아갈지를 결정한다고 하였다. 아울러 2005~2014년까지를 '지속가능발전교육 10년'으로 정하여 각국의 교육적 대응을 촉구한 바 있다. 교육부는 '녹색성장 교육 활성화 방안'을 통하여 녹색성장 관련 내용의 반영 계획을 제시하였다. 이러한 계획은 이듬해 교과 교육과정 부분 개정 시 기존 교과에 녹색성장 내용을 반영하는 것으로 실천되었다.

이러한 지속가능발전교육은 환경적 측면을 벗어나 우리의 삶의 철학과 연관이 있다. 사회적으로 자연과 조화를 이루는 건강하고 생산적인 삶을 지향해야 한다. 경제적으로는 생태계와 환경을 훼손하지 않고 인류가 지속적으로 발전할 수 있는 방안을 모색할 필요가 있다. 환경적으로는 우리 세대가 쾌적하게 살 수 있으면서 후손에게 깨끗한 환경을 물려줄 수 있어야 한다.

결국 지속가능발전교육은 사회, 경제, 환경적 측면을 포괄한 철학적 개념으로 인식하고 실천해야할 것이다.

교육이 희망이다

우리나라 학부모의 교육에 관한 관심은 세계에서 두 번째 가라
면 서러울 정도이다. 이러한 현상을 자연스러운 시대적 추세로 보
는 사람이 없는 것은 아니다. 어떤 사람은 경쟁사회에서 살아남기
위해서 어쩔 수 없는 것이라고 항변하기도 한다. 이런 생각을 지닌
학부모 대부분은 내 자식만큼은 손해를 보거나 남에게 뒤져서는
안 된다고 생각하기 마련이다. 이들은 학생 상호간에 경쟁을 부추
기는 행동을 서슴지 않는다.

학부모 간에도 보이지 않는 경쟁이 있다. 저 집 아이가 학원 세
곳을 다니면 우리 집 아이는 네 곳을 다녀야 한다는 것을 당연지
사로 안다. 아울러 무슨 학원을 다니는지를 물어보는 것조차 실례
되는 시대가 되었다. 아이들조차 학교는 잠자는 곳, 학원은 공부하
는 곳, 집은 밥 먹고 게임하는 곳으로 인식한다. 때문에 학교에서
교사의 최소한의 교육적 제재도 참지 못하고 경찰서에 신고하는 웃
지 못 할 사태가 발생하고 있다. 이러한 학생이나 학부모는 학원의

강사의 체벌에 대해서는 오히려 관대한 편이다.

학부모의 학교에 대한 불신감이 불합리한 상황을 만들어 내고 있다. 학교에 대한 불신감이란 교사에 대한 불신감을 의미한다고 해도 크게 틀리지 않다. 학부모가 교사에 대하여 불신감을 갖는다는 것은 일차적으로 교사의 책임이라 할 수 있다.

그러나 매스컴의 영향 또한 없다고 할 수 없다. 특히 시청률을 생명으로 여기는 텔레비전의 경우 시청자들에게 항상 쇼킹한 뉴스만을 전해야 한다는 강박관념에 시달리고 있다. 우리나라 전 국민이 학부모라고 해도 과언이 아닌 상황에서 유독 교사의 부정부패는 관심의 대상이다. 때문에 교사의 촌지 수수, 제자 성폭행, 체벌 문제, 도박, 유흥 등은 연일 텔레비전의 단골메뉴가 되고 있다. 교사의 부정에 대하여 눈감아 달라거나 관대하게 보아 달라는 말은 아니다. 우리 사회에서 어느 누구든 책임질 부분이 있다면 책임을 져야 한다. 다만 사실 그대로 전하되 일부를 전체로 과대포장하지 말라는 의미이다.

얼마 전까지 모 텔레비전 방송국에 기막힌(?) 광고가 있었다. 그 광고는 "괜찮아요, 받으시죠."라는 대사로 시작되었다. 문제는 촌지를 주는 사람은 학부모이고 받는 사람은 교사라는 것에 있다. 이 광고가 왜 하루를 시작하는 이른 새벽에 방영되어야 했는지 의문이다. 그리고 우리 사회의 수많은 직장과 수많은 사람 중에서 하필이면 교사를 대상으로 했는지 이해가 안 된다. 교사가 우리 사회에서 소위 말하는 뒷배가 없는 대상이어서는 아닌가?

아직도 학교에서 이러한 부정한 일이 벌어지고 있다면 정말 문제가 아닐 수 없다. 하지만 학교는 변했고 지금 이 순간에도 변하고 있다. 우리 사회에서 교사가 학부모의 촌지나 받아 챙기는 부정한 사람으로 매도되어서는 곤란하다. 어려운 박봉에도 불구하고 묵묵히 교육에 대한 신념을 불태우는 우리의 참스승도 많다는 것을 인정해 주어야 한다.

교육 강국으로 가는 길

교육 강국으로 가는 길은 멀고도 험난하다. 우리 교육사를 살펴보면 정권 교체 때마다 으레 수많은 정책이 쏟아져 나왔지만 지지부진하거나 용두사미 꼴을 면치 못하는 경우가 많았다. 이에 국민은 교육정책에 대하여 불신의 골이 깊어지고 만족도 또한 밑바닥 수준을 벗어나지 못한다.

지난 2017년 8월 초순에 발표된 대입수능 개편 시안에 이어 8월 말에 발표한 대입수능 개편안도 과거 정책의 오류를 답습한 듯한 느낌을 지울 수 없다. 교육부는 지금 중학교 3학년이 치르게 될 2021년 대입수능개선 시안을 발표했었다. 대입수능 교과목 중에서 1안은 4과목, 2안은 7개 전 과목을 절대평가로 시행하겠다는 것이 핵심이다. 1안 2안 중에 양자택일을 요구하면서 제3의 안은 절대 존재하지 않는다는 대국민 협박성 발언까지 했었다. 그러더니 "그간 논의해 온 수능 개편 방안에 관해 이해와 입장의 차이가 첨예해 국민적 공감과 합의를 이끌어내는 데 한계가 있었다."라며 "개편을 1년 유예하는 것으로 결정"한 것이다.

발언인즉 대입수능 개편 시안은 졸속으로 만들었기 때문에 국민적 공감대를 얻지 못하고 꼬리를 내리고 만 것으로 판단된다. 교육부는 대입수능개편 시안을 발표한지 한 달도 안 되어 스스로를 부정한 자기모순에 빠져버린 것이다. 이러한 현실에서 교육 강국으로 가는 길은 결코 쉬운 여정이 아니다.

우선, 우리의 전통과 문화를 중시하는 철학이 있는 교육정책을 시행해야 한다. 예로부터 교육은 백년지대계라 하였다. 오년에 불과한 정권이 백년을 넘겨야 하는 교육정책을 손바닥 뒤집듯 뒤집어서는 안 된다. 우리의 전통과 문화를 토대한 교육철학만이 교육의 정체성과 연속성을 유지할 수 있다.

다음으로, 교수·학습과 평가 방법 개선을 위한 지원을 아끼지 말아야 한다. 미래역량이 중요해진 시대에 행동주의적 교육은 과거의 산물에 불과하다. 학교 현장의 교수·학습이나 평가 부분에서 구성주의적 교육 방법을 적극 수용할 수 있도록 온 정성을 쏟아야 한다.

그리고, 대학 진학을 하지 않아도 행복한 삶을 영위할 수 있도록 사회적 인식과 제도가 개선되어야 한다. 과거 사농공상(士農工商)에 토대를 둔 직업 서열과 망국적 대학 서열 해체가 필요하다. 고졸과 대졸 사이에 존재하는 승진이나 임금 격차도 해소해야 한다. 직업은 아이의 흥미나 재능 중심으로 선택할 수 있는 직업교육이 필요하다.

또, 마을교육공동체를 안착시켜 아이들을 마을로 돌려보내야 한다. 교육은 본시 마을에서부터 출발하였으며 애초 학교는 존재하지 않았다. 마을은 더 이상 떠나는 곳이 아니라 돌아오는 곳이어야 한다. 마을교육공동체의 부활로 이제 아이들을 마을의 품안으로 돌려보낼 때가 된 것이다.

마지막으로, 다원화 시대에 교육의 다양성을 인정해야 한다. 국가나 지역마다 다양한 특징을 지녔다는 것을 부정할 사람은 없다. 식물도 동종교배가 지속되면 멸종하지만 이종교배는 품질을 강화하고 생산성을 높일 수 있다. '내 편 내 사람 심기'나 한 가지 이념만을 주입시키는 교육에서 벗어나 지역이나 학교의 특성을 살리는 다양한 교육을 실시해야 한다.

미국의 오바마 전 대통령은 연설할 때마다 우리나라를 자주 언급하기로 유명하다. 그는 한국교육이 우수하므로 한국을 배워야 한다며 세계를 놀라게 하였다. 세계적 교육기업인 피어슨도 「세계의 교육 강국」이라는 연구에서 우리나라를 핀란드에 이어 세계 2위 교육강국으로 발표한 바 있다. 그동안 국제학업성취도평가(PISA)에서도 우리나라가 최상의 그룹에 속한 경우가 많았다.

그런데도 불구하고 우리는 스스로 교육 강국이라 부르지 못한다. 현재까지 학술적 연구 분야의 노벨상을 받은 사람이 없다는 것이 그러하다. 더 중요한 것은 오늘의 교육 현실에서 눈 씻고 보아도 내세울 만한 것이 없다는 사실이다. 모두가 아는 것처럼 우리 국토는 좁고 인구밀도는 높고 지하자원은 빈약하다. 교육 강국으로 가는 길이 힘들고 어려운 지난한 여정일지라도 우리 함께 손잡고 가지 않을 수 없다. 교육만이 살길이기 때문이다.

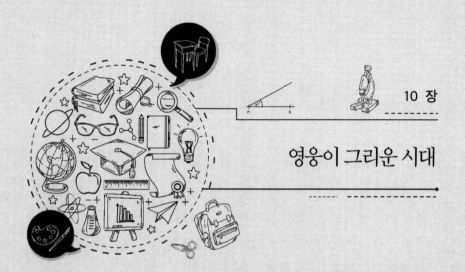

10 장

영웅이 그리운 시대

선비를 그리워하며

우리는 우리 민족에겐 믿고 의지할만한 정신적 지주가 없다는 말을 흔히 듣는다. 그렇기 때문에 나라가 혼란스럽고 예측하지 못한 불행한 사건이 빈번하게 발생한다는 것이다. 오늘날까지 우리가 경험한 지도자를 돌이켜보면 이런 생각도 일리가 있다. 정녕 정치·경제·사회적 위기의 수렁에서 허덕이는 우리 민족을 구원할만한 진정한 인물은 없는 것인가. 그렇다면 민족의 지주가 될 인물 출현을 언제까지 기다려야 하는가.

세계의 역사를 돌이켜보면 우리 민족이 결코 무지하거나 열등하지는 않았다. 오래 전부터 '은근과 끈기'는 우리 민족의 대표적 성품으로 알려져 왔다. 이러한 성품은 우리 민족이 자랑할 만한 '선비정신'과 그 맥을 잇고 있다. 먼저 가신 정몽주, 이색 선생과 황희, 맹사성 선생, 김상헌, 운집, 오달제 선생과 같은 인물의 정신이 그러하다. 김구, 안중근, 민영환, 신채호 선생도 같은 인물의 반열에 올릴 수 있다.

선비로 명명되는 이러한 인물은 굶어 죽는 한이 있어도 남에게 구걸하는 법이 없었다. '얼어 죽어도 겻불은 쬐지 않는다.'라는 신념과 깐깐한 지조가 있었다. 동지섣달 삼척 냉돌 위에서도 춥다는 내색 한 번 하지 않았다. 추위로 뼈가 저려오는 순간까지 이를 박박 갈면서 "요놈, 괘씸한 추위란 놈 같으니, 네가 지금은 이렇게 가승을 부리지마는, 어디 내년 봄에 두고 보자"라고 되뇌었다. 겨울이라는 미물에게 결코 질 수 없다는 강한 자존심에 추위마저 도망칠 수밖에 없었던 것이다. 구한말 단발령에 반대하여 "이 목이 잘릴지언정 이 머리는 깎을 수 없다(此頭可斷 此髮不可斷)."라고 눈을 부라렸던 최익현 선생의 의기 또한 선비정신의 표상이 되고 있다. 강한 자존심과 꼬장꼬장한 고지식과 변함없는 지조와 굴복하지 않는 기개가 그들의 생활 신조였다.

선비들은 어렵고 힘든 삶 속에서도 자신의 의지와 지조를 지켰다. 뿐만 아니라 가난함에도 비굴하지 않고 불의에 굴복하지 않았다. 결코 품의를 잃지 않고 인간의 도리를 다하고자 노력했던 것이다. 우리 민족을 이끌어갈 지도자의 부재 현상은 선비정신 부재라는 오늘의 현실과 맞닿아 있다. 오늘의 우리는 눈앞의 일에만 너무 급급해 하고 있다. 극단적 이기주의로 말미암아 민족적 대의보다는 일신의 안위를 먼저 생각한다. 불의와 부정 앞에서 정의로운 용기는 꼬리를 감추고 만다.

오늘의 현실에서 의기와 강직과 청렴한 미덕으로 뭉쳐진 선비정신을 계승, 발전시킬 필요가 있다. 오늘의 인물부재 현상은 우리가 인물을 키우지 못한 결과이다. 나라와 민족을 가장 먼저 생각하고 타인을 그 다음으로, 자신을 마지막으로 생각할 수 있는 인물을 키워야 한다. 그러할 때 진정한 지도자는 우리나라 방방곡곡에서 탄생하게 된다. 그 날이 오면 우리는 곳곳에 모여서 즐겁게 노래하고 한바탕 신명난 춤을 추어야 할 것이다.

개정교육과정과 교육기부

아나톨 칼레츠키는 『자본주의 4.0』에서 정치와 경제는 적대적이라기보다는 서로 협력하는 관계로 보아 따뜻한 자본주의를 주장하였다. 자본주의의 최대 약점인 빈익빈 부익부를 극복하고 더불어 행복한 성장을 추구하는 진화된 모습을 보여준다. 특히 자본주의 4.0시대의 기업은 지속가능한 복지와 사회의 유기적 발전을 위해 부를 취득함과 동시에 사회에 나눔과 배려의 책무를 진다.

역사적으로 배려와 나눔의 정신을 실천한 사례로 김만덕, 경주 최부자 등을 들 수 있다. 김만덕은 조선 정조 때 관기출신으로 객주를 운영하면서 유통업으로 부를 축적하였다. 그러나 당시 기근에 시달리는 제주도민을 위해 재산의 대부분을 구휼미로 내놓았다. 평생을 독신으로 살며 죽기 직전 가난한 사람들을 위해 남은 재산을 골고루 나누어 주었다. 경주 최부자는 한국판 노블레스 오블리주의 표상으로 평가받고 있다. 최부자는 '만 석 이상의 재산은 사회에 환원하라', '과객을 후하게 대접하라', '주변 100리 안에 굶어 죽는 사람이 없게 하라' 등의 가훈을 실천하였다.

이러한 배려와 나눔의 정신은 개정교육과정의 새로운 교육 활동의 원동력으로 작용하는 교육기부와 많은 연관성을 지닌다. 특히 교과 활동, 창의적 체험 활동, 방과후활동, 학교 밖 활동 등은 지역사회의 유관기관과 적극적으로 연계·협력하여 프로그램을 운영할 수 있다. 따라서 교육은 학교라는 공간을 벗어나 지역사회 도처에서 이루어질 뿐만 아니라 우리 사회 구성원 모두가 교사로 확대되는 셈이다.

교육부는 교육기부의 개념을 단체·기관 및 개인 등이 보유한 물적·인적 자원을 유·초·중등 교육 활동에서 활용하도록 대가 없이 제공하는 것으로 정의하였다. 학생은 교육기부라는 다양한 교육적 경험을 통해 창의성과 인성을 갖춘 대한민국의 미래주역으로 성장하게 된다. 교육기부는 기업(공기업 포함), 교육기관(대학 등), 공공기관(정부기관, 연구소, 지자체, 산하기관 등), 개인 등 누구나 참여가 가능하다. 과거의 교육기부는 경제적 지원에 한정하는 경우가 많았으나 최근에는 다방면의 다양한 영역으로 확대하고 있다.

교육기부 내용을 구체적으로 살펴보면 첫째, 개인 재능으로 문·예·체 교육, 진로 등 멘토링, 강연, 자원봉사 기부 둘째, 콘텐츠 제공으로 영화, 뮤지컬, 음악, 미술작품, 기관보유 정보 등을 전체 또는 클럽 형태로 제공 기부 셋째, 활동 지원으로 체험 프로그램, 동아리 활동 등에 필요한 차량, 보험, 시설, 멘토링 인력 제공 기부 넷째, 시설, 기자재 기부로 악기 실험기자재, 체육도구(공, 시설 등), 미술작품 등을 임대, 무상 제공 기부 다섯째, 프로그램 운영으로 기업·대학·공공기관 등의 전문·관심 분야에 대한 강의·실습·체험 기부 등으로 분류할 수 있다.

교육기부는 측은지심(惻隱之心)이나 시혜적 행위가 아니라 미래를 위한 투자이다. 기부자는 먼 곳에 있기보다는 우리 주변에서 이름 없이 존재하는 경우가 더 많다. 학교는 이미 교육 공동체의 일환인 학부모에게 많은 부분 교육기부를 받고 있다. 학부모 중심의 녹색어머니회, 보조 시험감독, 명예사서제, 진로·진학지도 명예교사, 학생상담 명예교사, 점심시간 복도순회, 등하교길 교통 안전지도 등이 그러하다. 이러한 풀뿌리 교육기부는 우리 사회에 교육기부 공감대 및 참여 분위기를 조성하여 기부문화의 새로운 이정표를 세울 것이다.

한글과 찌아찌아족

'한글' 역사상 요즘처럼 온 국민의 관심을 받던 적은 없는 듯하다. 세계적으로 독립일이나 승전일을 기념하는 나라는 많지만 문자를 만든 날을 국경일로 기념하는 나라는 우리나라가 유일하다니 의미가 크다.

한글이 세계에서 가장 과학적이면서도 우수한 문자라는 사실은 이미 잘 알려져 있다. 1989년 유네스코에서는 '세종대왕 상(King Sejong Prize)'을 제정하여, 매년 인류의 문맹률을 낮춘 단체나 개인을 선정하여 상을 주고 있다. 또한 1997년 10월에는 훈민정음이 유네스코 세계기록유산으로 등재되었으며, 2007년 9월 세계지식재산권기구(WIPO)에서는 한국어를 국제특허협력조약 국제 공개어로 채택하였다.

펄벅은 그의 저서 『살아있는 갈대』 서문에서 "한글은 세계에서 가장 훌륭하고 가장 단순한 글자이다. 24개의 부호가 조합될 때 인간의 목청에서 나오는 어떠한 소리도 정확하게 표현할 수 있다.

세종은 천부적 재능의 깊이와 다양성에서 한국의 레오나르도 다빈치라 할 수 있다."라고 하여 찬사를 아끼지 않았다.

훈민정음학회와 관련 학계에 따르면 2009년 10월 6일 인도네시아 술라웨시주 부톤섬 바우바우시는 토착어인 '찌아찌아어'를 표기할 공식 문자로 한글을 도입한다고 발표했다. 이미 지난 9월 21일 찌아찌아족이 많이 사는 소라올리오 지구의 초등학생 40여 명에게 한글로 된 찌아찌아어 교과서를 나누어 주고 수업을 시작했다는 것이다. 이러한 경이로운 사실에 한국인의 한사람으로 자긍심을 가지면서 여러 가지를 생각하게 하였다.

찌아찌아족은 왜 한글을 선택했을까? 인도네시아 공식 언어는 인도네시아어이지만 국민들은 250여 종의 다른 언어를 사용한다. 찌아찌아족은 인구 6만 명 정도의 소수민족으로 영어, 아랍어, 인도네시아어 등으로 자신들의 말을 문자로 표현하려 했지만 한계에 봉착했다. 그런 연유로 표현력이나 표기법 부분에서 뛰어난 한글을 선택하였다. 한글이 짧은 기간 동안 쉽게 배울 수 있고, 발음 기호 없이 말하는 대로 적을 수 있다는 것도 장점으로 작용한 것이다.

우리는 진정 한글을 사랑하는가? 동네마다 외국어 학원은 넘쳐나지만 한글 전문학원은 찾아보기 힘들다. 그렇다고 우리가 한글을 올바르게 사용하는 것도 아니다. 신문, 잡지뿐만 아니라 방송에서조차 한글을 제대로 사용하고 있지 않다. 우리말에서 한자어가 절반이 넘고 여기에 영어, 중국어, 일본어까지 섞어 쓰고 있으니, 앞으로 한글은 조사밖에 남지 않을지도 모를 일이다. 한글에 대한 애정과 관심은 나 자신의 정체성을 찾는 일과 같다.

과연 한글이 세계 공용어가 될 수 있을까? 한글이 소리와 문자가 일치하며 컴퓨터에 입력하기가 편리하다는 점은 디지털시대 한글의 위상을 짐작하게 한다. 이러한 한글의 특성이 우리나라를 초고속 인터넷과 휴대폰 보급률 세계 1위로 만들었다고 해도 과언이 아니다. 실제로 세계 언어학자의 모임에서 한국어를 세계 공통어로 쓰면 좋겠다는 토론이 있었다고 한다. 영국의 학자 존 맨은 '한글은 모든 언어가 꿈꾸는 최고의 알파벳'이라 극찬한 바 있다. 유네스코에서도 말은 있지만 글자가 없는 소수 민족에게 한글을 쓰도록 하여 소수언어의 사멸을 막자는 제언이 있기도 하였다.

　이렇게 우수한 한글은 우리 국민에게 문맹률 1%대라는 세계에서 유례가 없는 경이로움을 만들어 냈다. 찌아찌아족을 시작으로 세계 곳곳에서 한글을 배우고자 하는 사람이 더욱 늘 것으로 짐작된다. 한글을 디딤돌로 세계 각국과 교류하며, 인류 문화 발전에 기여한다는 것은 여간 자랑스러운 일이 아니다.

요코와 위안부 할머니

　일본계 미국인 요코 가와시마 왓킨스가 펴낸『요코 이야기』가 화제가 된 적이 있다. 이 작품은 작가 요코의 어린 시절 경험을 소재로 한 체험담 즉, 실화를 소설로 형상화한 것이다. 그는 일제강점기에 부친을 따라 함경북도 청진 나남에서 생활하였다. 작품에는 나남에서의 생활과 전쟁이 끝난 후 서울, 부산을 거쳐 일본으로 귀환하면서 목격한 2차 대전 패전 후 참상을 서술하고 있다.

　『요코 이야기』는 전쟁을 소재로 하면서도 승패 여부를 따지지는 않고, 전쟁에 참여하는 모든 사람을 증오하고 원망의 눈초리를 보내고 있다. 그렇기 때문에『요코 이야기』를 자전적 반전소설의 범주에 포함시키기도 한다. 하지만 귀향하는 일본인을 대상으로 한국인의 보복에 대한 묘사를 하여 논쟁의 대상이 되기도 하였다. 작품에 식민지라는 역사적 배경에 대한 설명 없이 마치 한국인이 가해자인 듯이 서술한 것이다.

　작가는 전쟁 가해국이 패망할 때 자국민들은 어떤 고통을 겪는

지를 요코라는 12세 소녀의 시선으로 조망했다. 일본이 가해자에서 피해자로 바뀌면서 기득권을 상실한 자에게 주어지는 고통은 예상보다 가혹하다. 그들에게 생명의 위협과 허기, 이산가족, 공포, 충격적 장면들은 감당할 수 없는 고통이다. 이로 보아 이 책은 전쟁은 이 지구상에서 영원히 추방되어야 할 범죄라는 메시지를 전하고 있다.

하지만 『요코 이야기』는 자전적 반전소설로 모순점을 내포하고 있다는 것을 발견하게 된다. 그것은 당시 식민지를 살아가던 우리 민족의 고통 특히, 위안부 할머니들이 당한 심적, 육체적 고통을 간과하고 있다. 위안부 할머니들은 일본군 위안소로 연행되어 조직적이고 강제적으로 성폭행을 당했다. 일제는 군의 사기 진작을 위해 이 제도를 운영하여 한국, 중국, 필리핀, 인도네시아 등의 여성을 희생시킨 것이다. 우리나라에 일본군 위안부 할머니에 대해 처음으로 문제를 제기한 시기는 해방된 지 45년이 지난 1990년이다. 이러한 사실을 최초로 고백한 위안부 할머니는 일본을 향해 '부끄러운 것은 내가 아니라 너희들이다.'라는 말로 의미 있는 증언을 시작하였다.

우리나라가 해방된 지 70여 년이 지난 지금도 가해국 일본 정부는 위안부 문제를 해결하려는 노력을 하지 않는다. 오히려 미국 하원에서 처리될 것으로 전망되던 종군위안부 결의안 상정을 방해하기 위해 거물급 로비스트들을 고용하는 파렴치한 모습을 보였다. 또 우리 시민단체가 위안부 기록물을 세계기록유산 등재를 추진하고 있지만 일본은 막후 외교전으로 치밀하게 반대 전략을 펴고 있다. 일본군 위안부로 동원되어 성노예 생활을 강요당했던 할머니들은 80세가 넘는 고령이 대부분이다. 이들이 유명을 달리하기 전에 명예회복과 인권회복이 시급하다.

　요코가 저술한『요코 이야기』는 전쟁의 산물이지만, 위안부 할머니들은 우리의 현실이다. 그래서 우리는 한 시라도 일본군 위안부 할머니들을 잊을 수가 없다. 요코는 일제강점기 한국인의 피해 상황을 작품에 제대로 서술하지 않은 것에 사죄했으나 위안부 할머니들의 상처는 여전히 아물지 않고 있다. 요코가 보인 일련의 언행이 일관성을 갖추기 위해서는 위안부 할머니들의 상처가 아물도록 휴머니즘적 작가정신을 실천해야 한다. 이것이 작품이 발언한 내용에 대하여 작가로서 최소한의 예의를 갖추는 일이다.

홍길동과 신창원

홍길동은 1500년 연산군 시대를 전후로 서울 근처에서 활동했던 농민무장대 지도자로 알려져 있다. 허균(1569~1618)은 홍길동을 소재로 소설『홍길동전』을 저술했다. 소설에 의하면 홍길동은 서자로 태어났지만 병서, 검술, 천문, 지리 등을 배운 뒤 활빈당을 조직하여 두목이 된다. 당시 전국의 탐관오리들과 토호(土豪)들의 불의의 재물을 탈취하는 등 양반계급을 괴롭히고 가난한 양민을 돕는다. 이후 홍길동은 조정의 회유로 병조판서까지 되었으나 하직하고 율도국에서 유토피아 건설을 시도한다.

홍길동을 의적이라 한다면 신창원은 탈옥수일 뿐만 아니라 흉악범이다. 그러나 홍길동과 신창원이 동일시되고 있는 항간의 풍조는 무엇 때문인가?

법에 대한 불신감 때문이다. 이러한 사실은 '유전무죄, 무전유죄(有錢無罪, 無錢有罪)'라는 말로 대표된다. 고질적 정경유착 문제나 공공연한 법조계 비리에 대한 솜방망이 처벌이 그러하다. 매스컴을 비롯하여 영화에 등장하는 비리 장면에 대하여 국민은 현실사회에서도 여전히 유효한 사안이라고 인식하는 것이다.

부유층에 대한 적대감 때문이다. 부유층만을 강도의 대상으로 삼았다는 신창원의 일기와 부유층에 대한 서민의 적대감이 공감대를 형성한 셈이다. 부유층 자녀의 병역면제, 빈익빈 부익부의 심화가 그러하다. IMF라는 각박한 현실에서도 일부 부유층에서는 건배시 "이대로!"를 외친다는 말이 널리 회자된 적이 있다. 모두 어려운 상황에서 그들만의 돈 쓰는 재미가 있다는 말이 적대감을 자아낸다.

정치권에 대한 불신감 때문이다. 국정농단에 대하여 '이게 나라냐?'라는 의문문이 국민의 허탈한 심정을 잘 대변하고 있다. 지속적으로 이어지는 부실한 경제 정책, 북핵에 대한 일관성 없는 대응책, 서민을 외면한 당리당략의 정치가 그러하다. 이러한 현실에서도 국회는 한 목소리를 내기는커녕 공전의 상태를 면치 못하고 있다.

홍길동은 당대 부조리한 사회현실의 모순에 저항하고 '이상사회 건설'이라는 대의가 있었다. 당시 양반 중심의 지주층이 토지 확장을 위해 농민의 토지를 약탈하는 등 착취를 일삼았다. 이러한 상황에서 농민들은 자신의 삶의 터전을 잃고 산속으로 도망칠 수밖에 없었다. 이때 홍길동은 농민을 중심으로 농민무장대를 조직하여 양반지주나 관청을 습격한 것이다. 그러나 신창원에게는 일신의 안일을 위한 강도 치사만 있을 뿐 그 이상 어떠한 명분도 발견할 수 없다.

시대가 흉흉하고 나라가 혼란스러울수록 유언비어가 판을 치기마련이다. 신창원을 홍길동과 같은 부류로 여기는 민심은 작금의 사회적 분위기를 잘 반영하고 있다. '공정한 법집행, 함께 더불어 사는 삶, 서민을 위한, 서민에 의한, 서민의 정치'를 실현해야 하는 이유가 바로 여기에 있는 것이다.

영웅이 그리운 시대

영화 〈명량〉의 관객수가 1,800만 명을 돌파하면서 한국영화의 경이로운 기록을 세웠다. 이러한 분위기에 힘입어 해남 울돌목에서 열린 명량대첩축제에는 40만 명이 넘는 인파가 몰려 성황을 이룬 적이 있다.

단재 신채호 선생은 1908년 당시 위기에 처한 우리 민족을 위해 『이순신전』이라는 역사전기소설을 집필했다. 역사적 실제 인물을 소설 작품의 소재로 형상화하였다. 그는 임진왜란과 당시 상황을 동일하게 보고 소설로 이순신을 부활시킨 것이다. 작품에는 도요토미 히데요시가 일본을 통일하고 우리나라를 침략할 때 단군이 이순신을 보냈으며, 이순신을 개인의 영달을 염두에 두지 않는 절개 있는 인물로 묘사하고 있다.

단재는 이순신을 영국의 넬슨 제독과 견줄 위인으로 보았으며, 명나라의 제독 진린도 이순신의 자질을 높이 평가하는 것으로 서술하였다. 진린은 이순신을 "하늘로 날을 삼고 땅으로 씨를 삼아

온 천하를 경륜하여 다스릴 인재요, 하늘을 깁고 해를 목욕시키는 공로를 가졌다."라고 극찬하였다. 일본 학자 도쿠토미 이이치로도 "이순신은 이기고 죽었으며, 죽고 이겼다. 조선 전쟁의 전후 7년 사이에 조선에 책사, 변사, 문사의 유는 많지만, 전쟁에 있어서 오직 한 사람 이순신만을 자랑삼지 않을 수 없다."라고 칭송했다. 아울러 이순신을 조선뿐만 아니라, 3국(조선, 중국, 일본)을 통하여 제1의 영웅이었다는 말로 높이 평가하였다.

단재의 작품에 출현하는 이순신은 고전소설의 비범한 영웅의 등장과는 다르다. 이순신은 실제 인물이며 그의 모든 행동은 인간적 사고에서 출발하였다. 작품을 살펴보면, 당시 백성들이 이순신을 자신의 부모처럼 여겼다. 이는 이순신이 평소 백성들에게 얼마나 존경을 받고 있는지를 보여주는 대목이다. 이순신의 승리 뒤에는 백성의 정보제공이 커다란 영향을 끼쳤다는 것을 알 수 있다.

당시 위급한 상황에서 구국할 수 있는 위인은 이순신밖에 없었다. 평소에 위엄과 지혜와 능력으로 백성의 존경을 받았기에 가능한 일이었다. 변방의 병사나 백성들은 일찍이 이순신을 신뢰하고 있었다. 그의 '사즉필생 생즉필사(死卽必生 生卽必死)'의 정신은 모든 백성을 감동시키기에 충분하였다. 원균의 패배로 십여 척밖에 남지 않은 전선(戰船)으로 명량대첩에서 승리한 것은, 죽음을 두려워하지 않은 '불외사(不畏死)'의 정신이 있었기에 가능하였다.

임진왜란 당시 이순신의 활약이 없었더라면 민족의 치욕과 고통이 얼마나 심각했을지는 충분히 짐작이 간다. 단재는 장군의 죽음에 대해 우리 민족이 슬퍼해야 할 이유를 말한다. 그것은 그의 손으로 우리를 건졌으며, 그 입으로 우리가 다시 살아나도록 외쳤으

며, 뼈만 남은 우리에게 피를 토하여 살을 주었기 때문으로 서술한
다. 이순신은 죽은 우리 민족을 살리고 자신은 죽음을 선택한 살
신성인(殺身成仁)의 경지에 도달한 것이다.

소설 『이순신전』은 영화 〈명량〉을 통하여 새롭게 부활하였다.
당시 조선과 현재의 대한민국이라는 시대적 거리는 있다 하더라도
시대적 상황은 그다지 큰 차이를 보이지 않는다. 혼란스런 국회는
당파싸움과 다르지 않고 국제적 상황은 당시와 큰 차이를 발견하
기 어렵다. 때문에 우리는 여전히 이순신과 같은 구국의 영웅이 그
리운 시대를 살고 있는 것이다.

청소년과 애국심

언젠가 공익광고협의회에서 제작한 '당신의 나라 사랑은 어떻습니까?'라는 공익광고를 본 적이 있다. 그것은 "나는 대한민국을 사랑합니다. 1년에 (태극기 다는 날) '하루만', 나는 대한민국을 사랑합니다. (축구 경기하는 시간) '90분만', 나는 대한민국을 사랑합니다. (묵념하는 시간) '1분만'"으로 전개된다. 이 광고는 간단한 구성에 비하여 강력한 메시지를 담는다. 보는 사람으로 하여금 진정한 나라사랑의 의미를 깨닫게 하는 것이다.

몇 년 전 한국청소년개발원은 한·중·일 공동으로 세 나라의 중·고생과 대학생을 대상으로 애국심에 관련된 설문조사를 한 적이 있다. 설문 조사의 결과에 의하면 전쟁이 일어났을 때 앞장서서 싸우겠다고 응답한 학생이 우리나라가 가장 적었다. 뿐만 아니라 전쟁이 나면 외국으로 도피하겠다는 학생은 우리나라가 가장 많았다. 이러한 믿고 싶지 않은 결과에 대하여 다양한 의견이 제시되었다. 그러나 설문조사에 참가했던 학생을 교육하는 교육기관의 책임을 면하기는 어렵다. 우리나라는 전통적으로 충효사상을 최고의 덕목으로 여기면서 교육을 실시해 왔기 때문이다.

우리나라 애국심은 『단군고기』 태백일사에서 그 기원을 발견할수 있다. 이 문헌에 의하면 당시 원로들은 건국이념을 재건하기 위한 대책회의에서 아홉 가지 맹세문을 결정하고 회의 때마다 낭독했다고 한다. 그것은 '가정에 효도하라, 형제에게 우애하라, 스승과 벗을 믿어라, 나라에 충성하라, 무리에게 공손하라, 정사에 밝게 하라, 싸움터에서 용감하라, 몸을 청렴하게 가져라, 작업에 임할 때는 의로워야 한다.' 등으로 정리된다.

보편적으로 애국심은 충의 개념과 유사한 것으로 여긴다. 충은 유교적 도덕규범의 하나로 글자 자체의 의미는 '가운데 중(中)자'와 '마음 심(心)자'가 합쳐져서 중심이 잡혀있는 마음을 가리킨다. 먼저 자기 마음의 중심을 잡고 타인에게 마음을 다하는 정신자세를 의미한다. 중심이 없는 사람은 다른 사람으로부터 줏대 없는 사람으로 인식된다. 반면에 마음에 '충'이 있으면 책임감과 주체성이 강한 사람으로 평가 받는다.

애국심은 일반적으로 권위적 애국심과 민주적 애국심으로 이분한다. 권위적 애국심은 국가의 지시에 대하여 절대적으로 추종하며 국가 내부에서 발생하는 갈등에 대해서도 관대하다. 민주적 애국심은 민주주의에 입각한 자유나 정의, 평등적 가치에 대하여 충성(忠誠)을 다하는 입장이다.

엄주정은 '충'은 어디까지나 자발적이요, 자율적이고 자주적인 것으로 판단하였다. 충의 개념은 진실로 덕의 올바른 실천이며 인격의 완성을 의미한다. 인간은 가정에서 태어나서 양육되고 성장하며 가정교육과 학교교육을 받아 인격을 함양하고 사회생활을 하게 된다. 사회생활 속에서 자기완성과 인격완성을 위해 노력함으로써 충에 도달한다. 가정에서 자녀교육을 잘 시킨 부모는 조상에게는 충정(忠情)을, 국가에는 충성을 다한 것으로 여겼다.

고조선의 단군에서 비롯된 애국심은 고구려, 백제, 신라와 조선을 거쳐 현대에 이르기까지 마치 꺼지지 않는 등불처럼 여전히 우리와 함께 한다. 어떠한 사상이나 이념도 이렇게 오랜 세월을 연연히 이어져 오기란 쉽지 않다.

우리는 여기에서 청소년의 애국심 함양을 위한 교육 방법을 재고(再考)해야 할 필요성을 느끼게 된다. 청소년에게 제대로 된 민주적 애국심을 교육할 필요가 있다. 민주적 애국심 교육으로 청소년 개인의 자유와 시민의 권리, 약자에 대한 배려, 저항권 등을 보장받는 방법을 알려 주어야 한다. 이러한 교육을 토대로 청소년은 국가 내부에서 발생하는 모순이나 부조리 및 민주주의 실현에 위배되는 잘못된 가치나 견해에 대한 비판적 능력을 습득할 것이다.

식물적 저항으로

　최근 우리 교육에 대하여 비판적 시각으로 일관하는 몇 권의 서적을 접할 수 있는 기회가 있었다. 교육자의 한 사람으로서 이러한 유형의 서적을 독서하는 데는 많은 인내심을 필요로 한다. 말을 바꾸면 호기심에서 출발하여 의구심으로 읽어나가다 씁쓸함으로 마무리를 지었다는 것이 올바르다. 이러한 책들의 장점에 대해서는 논외로 하고 한 걸음 물러서서 비판적으로 접근해 보는 것도 의미가 있다.

　작가의 주장이 너무나 강렬하여 그것이 오히려 독자의 거부감을 자아내고 가독력을 약화시킨다. 강렬한 목소리는 독자를 감동시키기 보다는 작가의 주장에 불신을 자아내는 측면이 강하다. 나그네의 옷은 '세찬 바람이 아닌 따뜻한 햇볕이 벗겼다는 것'을 기억할 필요가 있다.

　이름 없이 빛도 없이 묵묵하게 교육 현장을 지키는 다수 교사를 인정하기는커녕 일시에 매도해 버린다. 학교 현장의 교사는 무지하고도 우매한 아큐가 아니라 국가 발전에 이바지해 온 교육적 공로를 인정하지 않을 수 없다. 누군가 행동하지 않은 양심을 죽은 양심이라 했지만 대안 없는 저항보다 더 중요한 교육적 현실이 우리를 기다린다는 사실을 간과해서는 안 된다.

작가는 사사건건 교육청과 대립하고 관리자와 싸우고 동료교사와도 갈등을 유발하고 있다. 자본주의의 거대한 현실이 적이고 경쟁을 부추기는 사회가 적이며 무기력한 교육현장이 적이다. 작가를 둘러싸는 부조리한 현실 모두가 적으로 간주된다. 이를테면 저항하는 자는 정의의 사도요 그렇지 않으며 적의 범주에 포함시켜 버리는 식이다.

작가는 가르침의 중독에 빠져 있지 않았나 생각한다. 가르침의 중독은 도박이나 알코올 중독보다 더욱 심각하다. 일방적인 가르침보다는 스스로의 깨달음이 중요하며 화해와 소통이 더 중요하다는 것을 어찌 인정하지 않을 수 있겠는가.

작가는 학교 현장을 마치 변하지 않는 화석화된 공간으로 인식하고 있다. 이미 학교는 작가의 염려보다 훨씬 많은 부분 변했으며 또 변하고 있다. 작가가 시종일관 강조하고 있는 '저항인'이 모든 것을 해결할 수는 없다. 타인의 인권을 존중하며 배려하고 자신을 제대로 바라보는 지혜와 인내심, 책임감 그리고 가정의 소중함을 길러주는 것이 더욱 중요하다.

작가는 흑백논리에 빠져 우리가 미덕으로 여겼던 중용의 논리는 들어설 틈이 없다. 누군가의 말처럼 새는 좌측이나 우측으로 나는 것이 아니라 온몸으로 비상한다. 새가 그러하고, 사람이 그러하고, 세상이 그러하다. 죽음처럼 어두운 시대를 살아가는 사람과 이미 죽음에 이른 사람까지….

한때, 목소리 큰 놈이 이긴다고 큰 목소리가 인정받던 시대가 있었다. 하지만 큰 목소리보다 작은 목소리가 설득력이 있다는 것을 흔히 목격한다. 강렬한 소프라노보다는 저음의 바리톤이 더 설득력이 있다. 우리가 한없이 낮은 숨결로 자신의 몸을 낮추고 흔들릴지언정 뽑히지 않는 식물적 저항에 더 많은 기대를 거는 것도 그 때문이다.

이산가족 상봉부터 통일 대박까지

2010년 10월 이후 중단되었던 이산가족 상봉이 2014~2015년 제기되었다가 현재는 중단된 상태이다. 북측의 핵 개발과 국제적 제재 등의 상황으로 볼 때 재기 되기란 요원한 일로 여겨진다.

세계인권선언에는 인간은 거주이전의 자유가 있고 고향으로 돌아갈 권리가 있다고 명시한다. 이러한 권리는 정치적 이유로 차별되어서는 안 되며 모든 사람이 향유할 수 있어야 한다고 선언하였다. 그럼에도 불구하고 한반도에 1,000만 명이나 되는 이산가족이 존재한다는 사실은 믿기가 어렵다.

남북한이 이산가족 문제를 처음으로 언급한 것은 1971년이다. 당시 대한적십자사는 최초로 이산가족에 대한 논의를 시도했지만 가시적인 성과가 있었던 것은 아니다. 잘 알려진 것처럼 1983년 KBS가 '일천만 이산가족 상봉 캠페인'을 진행하여 전 국민의 전폭적 관심을 끌었다. 그러나 북한이 참여하지 않고 남한만의 행사로 진행된 관계로 반쪽 행사에 불과했다는 아쉬움을 남겼다.

실질적으로 남북한 이산가족 상봉이 이루어진 것은 2000년 평양에서 이루어진 남북정상회담 이후이다. 정상회담에서 발표한 '6·15 남북공동선언문'에 이산가족 등 인도적 문제 해결을 명시한 것을 계기로 수차례 이산가족 상봉이 이루어졌다. 즉, 2000년 8월 15일부터 18일까지 1차 상봉을 시작으로 2010년 10월 30일부터 11월 5일까지 18차 상봉까지 진행된 것이다.

하지만 이러한 이산가족 상봉 방식은 인원수뿐만 아니라 시공간적 한계에 봉착하고 있다. 그래서 정부주도 이산가족 상봉보다는 민간주도 상봉을 고려할 만하다. 일시적 이산가족 상봉보다는 상시로 만날 수 있는 공간을 마련할 필요가 있다. 폐쇄된 금강산 일대를 이산가족 면회 장소로 상시 개방하여 수시로 상봉할 수 있는 길을 모색하는 것도 좋은 방안이다.

그렇지만 이러한 방안들이 남북통일보다 바람직하진 않다. 남북통일로 이산가족 문제를 완전히 해결하는 것이 가장 좋은 방안인 것은 두말할 필요도 없다. 통일은 이산가족 문제를 완전히 해결할 뿐만 아니라 우리의 생존과 안전을 위해서도 절실하다. 그럼에도 불구하고 한반도에는 여전히 휴전선을 경계로 100만 명 이상의 군인이 동족에게 총부리를 겨누며 대치 중이다.

우리는 남북통일을 계기로 군사적 긴장과 전쟁 재발의 위험성으로부터 벗어나야 한다. 그렇게 될 때만 진정한 복지국가를 건설할 수 있을 뿐만 아니라 참다운 평화를 누릴 수 있다. 남북한의 평화적 통일은 인적, 물적 자원을 통일한국의 발전과 번영에 투입하여 복지국가 건설에 이바지하게 된다. 통일은 우리나라가 장기적으로 세계 5위권의 국가경쟁력을 가지게 된다는 예상을 실현 가능한 현실로 만든다.

　통일한국은 동북아뿐만 아니라 세계 평화와 안전에도 기여한다. 통일한국으로 지구상에는 같은 민족으로 분단된 국가는 모두 사라지게 된다. 그럼으로써 지구상에는 냉전의 시대는 가고 진정한 화해와 평화의 시대가 도래하여 우리는 그야말로 통일 대박을 이루게 되는 것이다.

에필로그

흔히 학교나 교육기관을 우리 사회에서 가장 변하지 않은 곳으로 인식하고 있다. 하지만 이러한 사고는 요즈음 교육을 제대로 알지 못하는 사람들이 하는 말이다. 오히려 교육이 이렇게 빠르게 변해도 될까라는 의문이 들 정도로 속도감을 느낀다. 돌이켜 보면 교육과정, 교수·학습, 평가 등 모든 부분에 다양한 변화가 발생한 것이다.

특히 2007년 교육감 직선제 도입으로 교육계에는 적지 않은 지각변동이 일어났다. 직선제는 기존의 교육위원과 학부모 대표 중심의 교육감 간선제가 지역 주민의 의사를 제대로 반영하지 못한 한계를 극복하기 위하여 시도되었다. 그것은 보수적 성향의 교육감이 물러가고 진보적 성향의 교육감이 그 자리를 점령하는 역할을 하게 된다.

하지만 투표에 참여한 지역 주민들이 진보적 성향의 교육감을 지지한 결과라고 보기는 어렵다. 이는 2014년 17개 시도교육감 선거에서 진보적 성향의 교육감이 13명이나 당선된 경우에서 확인할수 있다. 당시 거의 모든 지역에는 보수적 성향의 후보가 다수 출마하고 진보적 성향의 후보는 단일화를 이룬 곳이 많았다. 이를테면 부산의 경우는 보수 후보 6명이 난립한 반면 혼자 출마한 진보 후보가 당선되었지만 득표율은 22%에 불과했다. 쉽게 말하면 78%가 지지하지 않았다는 의미이다. 이와 유사한 경우가 여러 시도에서 발생하여 어부지리(漁父之利)로 당선된 경우가 많았다.

이러한 사실은 선거의 중립성과 공공성을 훼손하였을 뿐만 아니라 직선제의 취지를 무색하게 하였다는 말에 설득력을 더해 주고 있다. 그래도 다행스런 것은 직선제로 당선된 다수의 교육감이 현재 우리나라 교육 혁신의 선두 주자의 역할을 감당하고 있다는 점이다. 그들의 혁신적 역할이 우리교육을 바로 세워 학생들을 입시 지옥에서 구출할 수 있을 것으로 믿는다.

현재 혁신학교는 한국 교육을 변화시키는 주도적 역할을 담당하고 있다. 혁신학교는 소위 말하는 북유럽 교육 선진국의 교육 정책으로 무장하고 있다고 해도 크게 벗어나지는 않는다. 그것은 직선제로 선출된 진보적 성향의 교육감의 지휘 통제를 받고 있는 것이다.

한 영향력 있는 인터넷 온라인 서점에서 북유럽의 특정 국가명을 검색하니 관련된 교육 서적이 무려 300여 권이 쏟아져 나왔다. 그런데도 불구하고 교육에 관심이 있다는 사람은 모두 비싼 항공료와 학교 탐방료를 지불하고 북유럽을 간다. 혁신학교 현장연수는 북유럽이 필수 코스가 되었다. 연수주제는 북유럽 교육탐방을 통한 혁신학교 운영 기반 조성이지만 기초적 수준을 넘지 못한다. 그러다보니 현장연수를 보냈더니 인터넷 검색 수준으로 다녀온다는 언론의 비판도 있다. 현장연수가 기왕에 출간된 수백 권의 책을 독서하는 것보다 효과가 있는지 의문이 들 정도이다.

우리나라 교육이 북유럽 국가의 교육방법론과 실천적 의지 부분에서 배워야할 것은 한두 가지가 아니다. 그렇지만 북유럽 국가와 우리나라의 전통과 문화적 차이가 존재할 것인데 무비판적으로 도입을 해도 될까 하는 우려도 크다. 그것은 북유럽 국가에 매몰되어 우리 교육의 소중한 것들을 놓치지는 않을까 하는 노파심 때문이다. 우리가 그들의 교육에 대하여 충분한 시간을 두고 성찰하면서 비판적으로 접근하는 것도 나쁘지 않다고 생각한다.

혁신학교는 이미 우리나라 초·중·고등학교의 10%이상을 차지하고 있다. 그것은 "입시와 경쟁보다는 함께 배우며, 학교·교사·학생들끼리 소통하고 협력하는 학교 문화를 만들어 교장과 교사들에게 학교 운영 및 교과 과정의 자율권을 주고, 학생들에게는 토론 중심의 수업을 강조하는 등 교육 과정의 다양화·특성화를 통해 공교육 정상화를 추구한다."라는 목표를 내걸고 있다. 하지만 현행 수능시대가 학종시대로 완전히 전환되지 한 이러한 목적을 달성하기란 여간 어려운 일이 아니다.

혁신학교는 진보적 성향이 강한 교육감이 추진하다보니 자연스럽게 성향이 같은 교사가 주도적 세력으로 등장하고 있다. 이에 따른 진보적 성향의 교사와 비진보적 성향의 교사 사이에 불협화음이 발생하고 소통과 협력이 쉽지 않은 경우가 많다. 학교 현장에서 교사 간의 소통과 협력보다 중요한 것은 없다. 원활한 소통과 협력을 위한 교사 사이의 관계의 혁신이 더 필요한 실정이다. 데이비드 타이악 교수 등이 『학교 없는 교육 개혁』에서 말하듯이 학교 혁신에서 학교와 교사를 혁신의 대상으로 삼고 그들을 학교 혁신에서 소외시키는 한 진정한 혁신은 어렵다. 교사 사이의 관계의 혁신이 선행되지 않는다면 학교의 혁신 또한 요원한 일일지도 모른다. 어떤 교육철학도 휴머니즘을 외면하고서는 안착될 수 없기 때문이다.

지난 2017년 교육부가 제출한 자료에 의하면, 혁신학교 고교생 학력이 낮은 것으로 나타났다. 혁신학교 기초미달학생 비율이 일반학교 고교생보다 평균 3배가량 높은 것으로 분석된 것이다. 기초미달학생은 수업을 전혀 이해하지 못하거나 공부를 포기한 상태에 있는 학생을 말한다. 새로운 학력의 개념이 사회적 합의를 이루지 못한 상황에서 혁신학교 기초미달학교 비율이 높다는 것은 혁신학교 존립 자체를 뿌리째 흔들 가능성이 높다.

예지력이 있는 점술가도 과거는 알 수 있다 하더라도 미래를 짐작하기란 여간 어려운 일이 아니라고 한다. 북유럽 교육선진국에 토대를 두는 혁신학교가 우리교육의 미래를 책임질 수 있을지는 앞으로 좀 더 두고 볼 일이다. 바야흐로 현실은 '다원적 평등(Complex Equality)' 시대이다. 마이클 왈저의 『정의와 다원적 평등』의 지적처럼 현대 사회의 가치는 다양할 수밖에 없다. 한 국가의 사회적 가치가 서로 다른 의미를 가지며 자율성과 다양한 가치 기준을 확보할 때 획일적 모순을 극복할 수 있다. 사회 속에서의 상대적 자율성은 획일성보다는 다원성에서, 보편성보다는 특수성에서 성숙된다. 그것은 민주적 실천과 다르지 않으며 이러한 과정을 통하여 국가의 정의가 실현되는 것이다.

엄마로부터 교육 혁명

『사교육 1번지! 대치동 돼지 엄마의 추억』에 부쳐

— 이영숙(시인)

I. 내려 놓아야할 용기

부모의 사랑을 음차로 할 때, 어머니의 사랑은 모(母)아지는 사랑이고, 아버지의 사랑은 부(父)하고 흩어지는 사랑이라고 말한다. 어머니는 주관적인 거리로 작용하고 아버지는 논리적인 거리로 작용하는 사랑이라는 것이다. 부모의 영역을 탈 영토하여 지경을 넓혀 간 아이들, 이따금 부모라는 이름과 사랑이라는 명분으로 옥죈 폐쇄적인 환경에도 본래적 야성을 잃지 않고 잘 성장한 아이들을 보면 대견하다.

자녀에 대한 부모의 미성숙한 사랑이 자녀가 지닌 본래적 가치와 건강한 야성을 파괴한다. 전래동화『해와 달이 된 오누이』에는 무서운 호랑이가 나타나면 위험하니 꼼짝 말고 집안에만 있으라는 폐쇄적인 공간에서 교육받은 아이들이 나온다. 아이들이 집 밖으로 나가 도끼를 이용하고, 동아줄을 이용해 하늘의 해와 달로 지경을 넓히기까지의 지혜는 어머니 부재에서 생성된 확산적인 사고이다.

좋은 문장보다 경험이 우선하고 실패도 다시 일어설 수만 있다면 큰 재산이다. 역경 속에서 지혜가 많아지고 그 많은 생각에서 창의적인 사고가 도출하기 때문이다. 자녀의 야성을 존중하고 지혜로운 사람으로 지경을 넓혀갈 수 있도록 사랑 방정식을 수정하지 않으면 세대 간 불협화음은 계속된다. 어정쩡한 부모가 자식을 병들게 한다. 의식이 건강한 부모, 지혜로운 부모가 자녀를 삶의 주체로 세우고 시대가 원하는 창조 융합적인 존재로 성장하게 한다.

인생에서 적당한 시기에 내려놓아야 할 첫 번째 용기, 바로 자식이다. 충분한 사랑과 넉넉한 관심을 받는 생활 속에서도 대다수 아이는 한 번도 행복한 적이 없다고 말한다. 자신이 부모로부터 받은 사랑은 조건 전제된 사랑이며 자신은 시험이라는 감옥의 죄수라는 것이다. 일상의 소소한 선택에도 갈등하며 결정 장애를 겪는 아이들, 그들은 자신을 『백만 번 산 고양이』(사노요코 지음)에 나오는 '임금님의 고양이'로 비유한다. 자신이 원하는 삶을 살면 주인이고 남이 원하는 삶을 살면 노예라는 것이다. 인생의 행로를 먼저 걸어온 선배로서 경험을 통한 답안이라고 기성세대의 입장을 변호하지만, 아이들은 스스로 공부 노예, 시험 노예라고 말한다. 무엇이 문제일까? 공부해야 하는 목적을 잘못 인식한 것은 아닐까? 아니면 열심히 공부해도 행복으로 되돌아오지 않는 어른의 세계를 판독한 것일까?

'나로 살지 못하는 타자들의 항변은 열심히 공부해도 순도 백 퍼센트의 행복을 생산하지 못하는 경제구조를 꼬집는다. 그들에게 내일의 행복을 위해 오늘을 희생하라 말할 수는 없다. 시적 화자 영석이가 친구들에게 전하는 『너는 일등 하지 마』(이묘신 지음)는 학생들의 반향을 부른 시집이다. 일등을 하고서도 일등을 놓칠까 봐 늘 불안한 아이가 친구에게는 '너는 절대 일등 하지 말라'는 내용이 다. 지금 이 시각도 성적 때문에 혹은 진로 때문에 좌절하는 청춘들이 많다. 뉴잉글랜드의 명문 웰튼고를 다룬 『죽은 시인의 사회』(N.H.클라인바움 지음)는 많은 교훈을 준다. 의사되기를 강요하는 아버지와 연극인을 꿈꾸는 닐, 그 충돌 사이에서 결국 닐은 자살을 선택한다. 부모가 만든 페르소나를 쓰고 사는 아이들, 충분한 사랑과 관심에도 한 번도 행복하지 않았다는 아이들의 항변을 들으며 김재국의 『사교육 1번지! 대치동 돼지 엄마의 추억』을 통해 교육 목적과 그 메커니즘을 성찰한다.

II. 사교육 1번지! 대치동 돼지 엄마의 추억

김재국의 『사교육 1번지! 대치동 돼지 엄마의 추억』은 우리나라 교육과정 변천사를 한눈에 보여준다. 우리나라 교육과정은 유독 헤겔의 변증법을 도식화한 정반합의 구도에 부합한다. 정반합(正反合)의 기본 논리 방식은 正(테제)이 그것과 반대되는 反(안티테제)과 갈등을 통해 기존의 正과 反이 모두 배제되고 合(진테제)으로 초월하는 구조이다. 모순의 발견과 반성을 통해 도출된 '합'은 자기주도학습과 하브루타식 협동학습을 방법론으로 한 능동적이고 주체적인 미래형적 인물인 창의·융합인재교육이다. 부정적인 우려도 제기하지만 부분을 위해서 전체를 평준화로 함몰시킬 수는 없는 일이다. 그런 의미에서 김재국의 새로운 合의 도출 점은 '사교육 1번지의 대명사 대치동 돼지 엄마'로 귀결한다. 이제 교육의 주체인 엄마로부터 교육혁명이 일어나야 한다는 의미이다. 교육 강국이면서도 OECD 회원국 중 청소년 자살 1위, 청년 실업 1위, 국민의 행복지수 32위라는 불명예를 안는 우리나라의 문제점을 교육에서 찾고 교육자의 길을 걷는 도반으로서 행복한 교육방법론을 함께 추론한다.

1) 단 한 번도 스스로를 사랑하지 않았다

사랑은 혁명일 수 있는가? 혁명일 수 있다. 혁명이 사물의 상태나 사회 활동 따위에 급격한 변혁을 일으키는 것이라면 사랑은 혁명을 능가한다. 사랑이란 어떤 사람이나 존재를 몹시 아끼고 소중히 여기는 마음이다. … (중략) … 김종술은 서로 다른 남녀의 애정 형태를 존중하고 이해하며 조화시킬 수 있을 때 진정한 사랑이 가능하다고 보아 사랑의 조화를 중시 여긴다. 시인 기형도는 "나의 생(生)은 미친 듯이 사랑을 찾아 헤매었으나 단 한 번도 스스로를 사랑하지 않았노라"라고 노래했다.

— 「사랑의 혁명」 부분

인생의 일반적인 목적은 행복과 사랑이다. 일반 문학 작품이나 대중가요의 주제도 80~90%가 사랑이고 행복이다. 저자의 정의처럼 사랑은 혁명을 능가한다. 그 혁명은 긍정적인 변혁을 내포한다. 가장 원초적인 사랑의 모천은 어머니의 태중이다. 그렇다면 혁명적인 사랑의 부산물로 잉태하여 세상에 나온 우리 삶은 왜 끝까지 행복하지 않을까. 저자의 주장처럼 "자식에 대한 어머니의 마음은 모든 사랑의 본바탕"이다. 그런 사랑을 받고도 한 번도 자신을 사랑한 적이 없다는 기형도의 시는 주체를 상실한 우리의 일반화된 전형이다.

동화 『꽃들에게 희망을』(트리나 폴러스 지음)에서 목표의식 없이 서로 짓밟고 경쟁하듯 꼭대기를 향해 올라가는 애벌레들의 무리, 그들이 서로 얽혀 기둥을 이룬 그 속에 우리가 있었고 자라는 아이들이 있다. 우리에게 삶의 목적과 공부하는 이유를 제대로 인지해 준 대상이 없었다. 행복을 위한 방법론은 남의 다리를 밟고 오르는 것이고 경쟁에서 승리하는 것이라는 네거티브적인 인식뿐이었다. 저자는 이제 교육문제를 가정이라는 범주를 벗어나 공동체적인 문제로 발전시킨다.

2) 우리 모두의 아이로 키워라

학교가 존재하지 않던 시대 교육은 마을이나 가정의 몫이었다. 산업화시대가 진행되면서 마을이나 가정은 갈수록 분주한 모습을 보이다 마침내 아이들의 교육에 관심을 가질 수 없는 지경에 이르고 만다. 학교의 태생은 생래적으로 이러한 상황과 밀접한 연관성을 지닌다. … (중략) … 마을교육공동체를 설립하여 그동안 전면 학교에 맡겨 두었던 배움과 돌봄의 권한을 마을로 되가져오는 방안을 모색해보자. 마을교육공동체가 구축될 수만 있다면 아동학대 사건은 더 이상 되풀이될 수 없다. 아동은 이미 네 아이 내 아이가 아니라 우리 모두의 아이로 존재하기 때문이다.

— 「우리 모두의 아이로 존재하기」 부분

남아프리카 잠비아 북부 고원지대의 바벰바 부족은 원시적인 생활을 하지만 가장 고차원적이고 긍정적인 교육을 하는 부족이다. 잘못을 저지른 사람이 생기면 그를 마을 한복판에 세우고 남녀노소 할 것 없이 돌아가며 그의 장점이나 선행들을 조목조목 나열한다. 이 칭찬세례에 죄인은 눈물을 줄줄 흘리게 되고 마을 사람들은 이제 새 사람이 되었다는 인정 하에 축하 잔치를 벌인다. 그야말로 아이 하나를 키우는데 마을 전체가 참여하는 따뜻한 모습이다. 그렇게 칭찬 세례를 받은 사람은 다시는 재범하는 일이 없다니 우리가 지향해야 할 교육 방법이다.

인간의 성품을 다룬 중국의 맹자와 순자 역시 교육의 중요성을 들었다. 인간은 태생적으로 선하게 태어난다는 맹자의 성선설이나 인간은 태생적으로 악하게 태어난다는 순자의 성악설 모두 '선(善)'을 유지하고 '악(惡)'을 교화하기 위해서는 '교육'을 강조했다. 이제라도 교육의 본질에 대한 정확한 이해가 필요하다. 교육의 시작은 '나는 누구이며 어떤 존재로 살 것인가' 아는 것에서 출발한다. 필자 역시 교육에서 삶을 부리는 능동적 주체로 살라고 강조한다. 내게 행복한 일이 타자에게도 행복한 일이고 공동체의 유익을 끼치는 일이라면 용기 있게 행동하라고 권면한다. 각자가 일정한 규칙 안에서 혼자 도는 팽이처럼 돌되 전체적으로 조화를 이루는 삶, 그것이 모두가 정의롭고 행복하게 사는 척도이기 때문이다.

3) 공부는 왜 할까

공부하는 이유와 공부를 통해 얻고자 하는 것은 무엇인지 진지하게 고민하고 공부에 대한 내적동기를 강화하는 것이 중요하다.

아울러 '분명한 목표 정하기, 나만의 공부 방법 익히기, 수면 관리
하기, 혼자 공부하는 시간 늘려 나가기' 등을 통해 효과적인 공부
방법을 습관화할 수 있도록 관심을 갖는다.

— 「자녀, 중등학교 보내기」 부분

초등학생에게 공부하는 이유를 물으면 훌륭한 사람이 되기 위해
서라는 대의적인 목적을 제시한다. 중학생과 고등학생은 '나를 육
체노동자에서 지식노동자로 바꾸고, 시급 만 원에서 백만 원으로
올리며, 국산차에서 고급 외제차로 승격할 수 있는 유일한 방법이
라고 말한다. 대학생은 직장이 바뀌고 배우자급이 바뀌기 때문이
라는 다소 현실적인 답을 내놓는다. 물론 대부분 교사가 공부를
열심히 해야 한다고 이르지만 정작 공부하는 목적을 제대로 이해
시켜 주지 않았기 때문이다. 공부를 왜 하는지의 저마다 목적이 틀
린 말은 아니지만 공부하는 이유마저 자본주의적 속성에 맞물려
안타깝다.

공자의 후학들이 모은 『논어』의 핵심은 교육이다. 공자의 제자가
스승에게 왜 힘든 공부를 해야 하느냐고 물었을 때 공자는 군인,
농부, 어부라는 세 가지 비유로 대답한다.

첫째, 공부란 태평할 때 군인이 칼을 가는 것과 같다. 태평할 때
칼을 갈아두지 않으면 갑자기 적군이 쳐들어온 후에 칼을 갈 수가
없다. 공부도 앞으로 닥칠 세상살이에 미리 슬기롭게 대처하자는
것이다.

둘째, 공부는 농부가 농사철이 닥치기 전에 우물을 파고 둑을 쌓
고 농기구를 마련하는 것과 같다. 한가한 겨울철에 미리 우물을 파

놓으면 가물어도 논밭에 물을 대고 사람도 물 걱정을 않게 된다. 또 강가에 둑을 튼튼히 쌓으면 장마가 닥쳐도 걱정이 없다. 농기구를 미리 준비하면 봄에 삽과 괭이로 논밭을 갈아 씨앗을 뿌리고 호미로 김을 매고 낫으로 곡식을 거두어 큰 풍작을 맞을 수 있다.

셋째, 공부는 어부가 항구에서 배와 그물을 손질하고 식량과 연료를 준비하는 것과 같이 미리 사회생활의 준비를 하는 것이다. 그래서 공부에는 때가 있다. 어려서 기회를 놓치면 돌이키기 어렵다.

중국 고대 교육의 목적과 시작은 나를 지키는 일이며 행복한 나로 사는 길에서 비롯한다. 공자의 공부법은 자기주도 학습의 기초에 부합한다. 지식을 스스로 구성하며 문제해결능력을 키우고 비판적 분석을 함양하며 창의·융합적 존재로 서는 길의 기초는 자신 탐구로부터 시작한다. 그러기 위해서는 저자의 고민처럼 교단에서 학생들에게 먼저 공부하는 내적 동기를 강화해주는 것이 필요하다.

4) 나를 발견하라

중학교 교육은 초등학교 교육성과를 바탕으로 학생의 학습과 일상생활에 필요한 기본 능력과 바른 인성, 민주 시민의 자질 함양에 중점을 둔다. 특히 자유학기제에 따른 중학교 교육과정 중 한 학기 동안 학생들의 중간·기말고사 등 시험부담에서 벗어나 꿈과 끼를 찾을 수 있는 수업이 운영된다. 이에 학부모는 자녀의 적성과 소질에 맞는 진로 탐색과 인성 및 미래역량 교육 등을 강화할 수 있도록 관심을 가져야 한다.

— 「자녀, 중등학교 보내기」 부분

자유학기제는 단순한 공부에 그치지 않고 학생들이 미래의 진로를 결정하는데 도움을 주려는 목적으로 추진되었다. 체험 활동 중심의 자유학기제는 구성주의 교육관을 형성하는 기초이다. 이 기간에 교과과정이라는 일반화된 교육을 벗어나 개개인의 내재한 잠재성을 발현할 수 있다. 청소년기는 가치관 정립이 불분명한 시기이다. 학생들은 이 기간에 독서 활동, 생태교육, 진로체험 등으로 자신의 적성과 소질을 발견하고 역량을 강화한다. 독서 활동으로 존재의 다양성을 배우고 생태체험으로 인간과 자연이 상생하는 수평인식을 함양하며 진로체험을 통해 자신의 목표를 점검하게 된다. 즉 학교에서 접한 교과 활동이 창문으로 읽는 세상이라면 자유학기제 기간의 다양한 활동은 대문을 활짝 열고 체험하는 실질적인 활동이다.

이러한 직접적인 세상 읽기를 통하여 학생들은 자신과 타자를 이해하는 준거를 마련하게 된다. 전래동화『선녀와 나무꾼』에 등장하는 선녀가 하늘로 올라갈 수밖에 없는 하늘나라 사람이라는 정체성도 이해하고 잘못된 방식으로 은혜를 갚는 사슴의 문제점과 내 행복을 위해 다른 사람을 불행하게 만든 나무꾼의 윤리관과 가부장적 문제점도 발견할 것이다. 나아가 생태체험을 통해 식물성 감성을 키우며 하나의 유기구조를 이루는 만물의 공생원리와 생태환경 보전의 필요성을 체득할 것이다. 진로체험으로 관계자 초청 만남과 탐방 등을 통하여 다양한 직업을 살피면서 올라갈 때 못 본 고은의 시「그 꽃」도 천천히 감상하며 자신의 인생라이프를 구상하는 의미 있는 시간이 될 것이다.

5) 인간의 저울은 수평

미국에서는 페미니스트이자 여성작가인 로러 도일의 작품 『항복한 아내』(The Surrendered Wife)가 선풍을 일으켰다. 제목에서 엿볼수 있듯이 가정의 행복을 위해서는 아내가 항복을 해야 한다는 내용이다. 전사로서의 여성 이미지는 직장에 남겨두고 가정에 돌아와서는 천사로 변한다. … (중략) … 남녀는 경쟁관계가 아니다. 여자를 음(陰)으로 남자를 양(陽)으로 생각해보자. 음과 양은 우선순위를 따질 수 있거나 홀로 존재하는 성질의 것은 아니다. 음양이 서로 조화를 이룰 때 그 존재의 의미가 더욱 빛난다는 것은 틀림없다. 음이 부족한 부분은 양이 채워주고 양이 부족한 부분은 음이 채워주는 상호보완적 차원으로 발전해야 한다. 괴테의 말처럼 왕이든 농부이든 자기의 가정에서 사랑과 평화를 발견하는 자가 가장 행복한 인간이기 때문이다.

— 「아줌마, 주부, 여성의 이름으로」 부분

남녀를 바라보는 저자의 시각은 양성평등이다. 생물학적으로 남성과 여성은 신체구조만 다를 뿐 젠더로서의 남성과 여성은 동일하다. 태극처럼 남성과 여성은 음양으로 흐르며 한 몸을 이루는 소우주다. 전설상의 비익조처럼 암수의 눈과 날개가 하나씩이어서 짝을 짓지 않으면 날지 못하는 관계이다. 페미니스트인 로러 도일이 발간한 이 책은 당시 여러 방면의 주목을 받으며 베스트셀러가 됐다. 졸혼 풍조까지 만연한 가정의 위기를 극복하고 처음 결혼할 때의 행복을 되찾자는 의미이다. 본래의 가정을 복원하는 길은 다시 아내들의 역할에 있음을 강조한다. 그 대안은 아내가 항복해야 한다는 데 있다. 어찌 보면 최종적인 이 방법만이 가정을 온전히 이룰 수 있다는 지독한 역설이다.

가정은 둘이 하나가 되는 것으로 인정한다면 위험한 발상이다. 가정은 서로 다른 두 주체 간의 출발이라는 것을 염두에 두어야 한다. 그런 연장선에서 톨스토이의 우화 「소와 사자의 사랑이야기」는 많은 의미를 내포한다. 소는 사자에게 풀을 주고 최선을 다했다고 주장하고 사자는 소에게 고기를 주고 최선을 다했다고 주장한다. 결국, 파경에 이른 두 커플은 법정에서 파경의 원인을 서로 상대에게 전가한다. 소와 사자 커플의 문제점은 상대방이 원하는 것을 준 것이 아니라 자신이 원하는 것, 주고 싶은 것만 주고 최선을 다했다고 주장하는 데 있다. 상대를 보지 못하고 내 위주로 생각하는 일반적인 가정불화 모습이다. 사랑은 이해와 배려로 시작한다. 저자처럼 서로 다름을 인정하고 상보적인 관계로 발전해나갈 때 가정에서 사랑과 평화를 발견할 것이다.

6) 디지털시대의 생산적 독자

소나기가 짧은 시간에 많은 것을 읽는 독서법이라면, 장맛비는 오랜 시간 동안 꾸준하게 읽는 독서법이다. 전자가 단순하게 암기하는 것에 그친다면 후자는 독서를 통하여 뭔가는 깨닫는 독서법이라 하겠다. 작가가 발언하는 내용만을 읽는 것이 아니라 행간의 의미를 채워가는 생산적이고 창조적인 독서를 의미한다. 행간의 의미를 채운다는 것은 작가가 발언하지 않은 의미까지 찾는 과정이다.

— 「선인들의 독서법」 부분

작가를 떠난 문학작품은 온전히 독자의 몫이다. 이전에 텍스트를 강조하던 이론과는 달리 독일 영미 문학의 비교문학자 볼프강 이저(Wolfgang iser)의 수용미학은 작품을 이해하는 독자의 역할이 결정적이다. 시위를 떠난 작품은 독자의 욕망과 경험 속에서 반응하며 지적 수준이라는 비례 구도 속에서 아는 만큼 독해하기 때문이다. 저자는 빌게이츠의 사례를 들어 디지털시대의 창의·융합형 인물의 필요조건으로 훌륭한 독서를 든다. 그 과정에서 독자는 능동적 행간 읽기를 통해 프로슈머의 역할까지 향상할 수 있어야 한다는 의미이다.

우리가 어려서부터 흥미 있게 읽어온 전래동화는 전복되어야 할 부분이 상당하다. 『은혜 갚은 까치』에서 인간 중심의 사고가 도출한 '까치는 선하고 구렁이는 악하다'는 이분법의 모순을 발견하여 까치의 목숨이 소중하듯 구렁이의 목숨도 소중하다는 수평적인 생명사상을 읽어내고 인간과 자연은 수평 구도를 이룬다는 식의 주제를 찾는다면 생산적이고 창조적인 독서 활동이라 할 수 있다. 이러한 독서 활동은 결과 중심의 교육과정에선 기대하기 요원한 일이며 과정 중심의 교육 과정 수업을 통해 단계별로 구성하며 도달할 수 있는 부분이다. 결국 저자의 논평에서 과정 중심의 수업 그 대안은 글쓰기에 있다는 행간 읽기가 가능하다.

7) 통섭의 시대에 맞는 통합논술

오늘의 현실은 창의력과 문제해결력을 갖춘 인재를 육성해야 하는 시대이다. 이제 단순히 지식만을 전달하는 교육방식에서 벗어나, 통찰력과 사고력 및 문제해결력을 길러 창조적 가치를 창출할 수 있는 인재를 육성해야 한다. 우리나라가 선진국으로 진입하는 과정에서 논리적이고 창의적인 사고력을 갖춘 인재가 절실하기 때문이다. 상대방에게 자신의 생각을 논리적으로 전달하는 일은 결코 쉽지 않다. 자신의 생각을 논리적 문장으로 제시할 수 있는 능력을 평가하는 것이 각 대학에서 시행하는 통합논술이다.

— 「창의적 통합 논술 시대」 부분

저자는 교과와 연계한 독서의 필요성을 강조하며 자기주도 학습으로 이어지도록 독서 컨설팅을 권장한다. 더 발전하여 통합논술 교육은 개정교육과정에서 강조하는 창의·융합형 인재를 양성하는 지름길로 미래사회를 대비하는 필수요소로 제시한다. 기존의 지식 주입형 객관식 교육으로는 달성하기 어려운 과제임을 피력하고 학생들이 스스로 책을 읽고 토론한 후 논술문을 작성할 수 있는 분위기를 조성해야 한다고 주장한다. 논술로 교과서에서 배운 지식을 내면화하고 논리적 사고를 키우며 토론과 대화법을 익히는 과정을 통해 영역을 넘나드는 확산적 사고가 가능하기 때문이다.

교과 간 통합논술은 통섭적 사고도 가능하게 한다. 통섭이란 대상들끼리 서로 어떤 관계를 맺는가 하는 관계성을 보는 종합적 사고를 말한다. 일종의 비빔밥 사고라고 할 수 있다. 논술문은 제시문 간 공통점과 차이점을 찾고 주제를 찾아 제3의 새로운 합의점을 도출하는 과정에서 문제해결능력과 비판적 분석 능력을 기르는 글쓰기 방식이다. 이를테면 자장면, 라면, 국수의 공통점은 '면'이다. 그러나 이 면들은 삶는 과정, 구불거리는 정도, 조리과정에 따라 차이가 있다. 같지만 서로 다르고 다르지만 서로 같은 영역 속에서 종합사유가 가능한 논술적 사고능력은 결국 창조융합인재로 발전하는 길이며 미래형 인물로 성장하는 길이다.

8) 삶 속에 스민 토론과 토의 문화

동양에서의 토론은 그리 활성화된 편은 아니었다. 우리나라나 중국, 일본의 토론 역사를 살펴보더라도 높은 수준의 토론문화를 찾아보기는 어렵다. 중국의 경우 춘추전국시대 제가백가의 토론이 확인되고, 일본의 경우는 2차 대전 이후에 토론과 스피치에 대한 관심을 보였다. 우리나라의 경우는 율곡 선생과 퇴계 선생의 이기일원론이나 이기이원론에 관한 토론의 흔적을 발견할 수 있다.

— 「다원적 평등시대와 토론」 부분

고대 그리스의 토론문화는 플라톤과 아리스토텔레스의 사상이 메인 구도이다. 플라톤은 본질의 세계를 추종하고 그의 제자 아리스토텔레스는 단독적인 현상을 추종하며 서양 토론문화의 중심축을 이룬다. 반면 조선 시대 붕당은 상호 견제와 감시라는 긍정적 측면과 당파싸움이라는 부정적 측면을 동반하지만 조선시대 토론문화 발전의 시금석을 놓았다. 서인 쪽 기대승의 주기론과 동인 쪽 이황의 주리론은 이(理)와 기(氣)의 발동과 사단칠정(四端七情)의 포함 여부를 논박하며 후학들의 대결로 이어지며 발전한다. 이후 율곡의 이기일원론과 퇴계의 이기이원론은 조선 중반 이후 피바람을 일으키며 정권을 다투는 당파싸움으로 작용한다.

이분법으로 발전하던 토론문화는 오늘날 다양한 사고를 도출하는 토의 문화로 발전 중이다. 찬반양론의 토론 보다는 토의 과정을 통하여 새로운 관점과 방안들이 많이 제시되기 때문이다. 토의는 여러 사람이 공통 주제를 가지고 각자 다른 의견을 나누는 방식이다. 공통 주제가 정해지면 주제가 지닌 문제점을 이해하고 그 원인과 실태 전반에 관한 지식과 의견을 교환한다. 문제 해결을 위한 방안이 마련되면 실천을 위한 세부 사항과 전망을 제시한다. 동화 『마당을 나온 암탉』(황선미 지음)을 읽고 '내 새끼의 목숨을 위해 다른 생명의 희생은 불가피한가', '암탉 잎싹에게 '마당'과 '숲'이라는 공간은 어떤 곳인가' 라는 식의 공통 주제로 다양한 생각을 이끄는 방식이라고 할 수 있다.

9) 행복한 진아(眞我) 찾기

모든 배움은 궁극적으로 자기 자신에 대해 배우는 과정으로 인식한다. 어떤 것을 익힐 때 다양한 실험을 통해 스스로 탐구하는 가운데 기술과 자신에 대해 제대로 이해할 수 있다. 지식이나 기술을 습득하는 과정에서 생각과 행위가 어떻게 연결되어 있는지, 무의식적이고 습관적인 행동에서 어떻게 자유로워질 수 있는 지 스스로 깨달을 수 있어야 한다. 결국 올바르게 배운다는 것은 자기 자신에 대해 알아가는 과정이다. 뭔가를 쉽게 해내는 것보다는 그것을 스스로 탐구하는 과정에서 자신에 대해 제대로 이해할 수 있다. 배운다는 것이 자신을 알아가는 과정이라면 배우는 법을 배운다는 것은 궁극적으로 우리가 올바르게 살아가고자 하는 능력을 기르는 일인 것이다.

— 「배우는 법을 배우기」 부분

문학과 철학의 궁극적인 목적은 진아 찾기이다. 우리가 공부하는 목적도 행복한 진아 찾기에 있다. 시집『사자는 짐을 지지 않는다』(이영숙 지음)가 발언하듯 사자의 행복과 자유는 정글에서 발견된다. 낙타는 제 어미가 그랬고 그 어미의 어미가 그래 왔듯이 아무런 의심 없이 짐을 지고 사막을 행진한다. 그러나 사자는 제 어미가 그랬고 그 어미의 어미가 그래 왔듯이 함부로 자유를 꺾지 않는다. 사막의 채찍을 기억하는 낙타와 정글의 자유를 기억하는 사자, 먹이 앞에서 무릎을 꿇고 무릎을 세우는 일, 그 인식의 초점은 노예와 주인의 습성에 있다.

이처럼 삶이란 나를 찾아 나서는 여정이다. 저자의 의견대로 배운다는 것은 자기 자신을 올바르게 알아가는 과정이다. 스스로 탐구하는 과정에서 자신을 제대로 이해할 수 있기 때문이다. 결국, 배운다는 것은 참된 나로 잘 살아가는 길이다. 니체가『차라투스트라는 이렇게 말했다』(프리드리히 니체)에서 낙타→사자→어린이로 승격한 마지막 단계인 '어린이'로 용감하게 잘 사는 길일 것이다.

맥도날드가 무서워하는 나라 '부탄왕국'은 가난하지만, 행복지수가 높은 은둔의 나라이다. 우리나라 인구 사분의 일 정도의 작은 나라로 중국과 인도 사이 히말라야산맥에 위치한다. 오로지 그들의 공통적인 염원은 자연보전이다. 채식주의자인 그들은 식물에 인위적인 조작을 가하지 않으며 유기농법으로 재배하고 가축은 도살하지 않는다. 열악한 문화생활에도 행복지수는 세계 1위이다. 행복은 소유와 비례하지 않는다는 것을 증명하는 나라이다. 상대 평가로 경쟁을 일으키는 우리 사회에선 이해 불가한 일이다. 자신이 행복하면 타자를 이해하고 배려하는 마음도 크다. 결과적으로 행복한 개인들이 모여 행복한 공동체를 이루는 것이다. 그런 의미에서 교육의 목적도 행복한 진아 찾기에 있다고 할 수 있다.

Ⅲ. 아이가 행복한 교육

인터넷 세대인 N세대(Net Generation)의 정체성을 어떻게 이해할 것인가. 밥상을 잡고 걸음마를 배운 기성세대와의 간극은 엄청나다. 이들에게 스마트폰과 인터넷은 부모 이상으로 자리한다. 그들에게 스마트폰은 학교와 학원을 오가면서 자투리 시간을 활용하는 유일한 놀이창구이다. N세대 현실사회의 불협화음은 가상공간을 놀이터로 만들고 결국 사회의 부적응화를 낳는다. 산업화 시대를 지낸 우리에게 공부는 성공으로 가는 유일한 지름길이었다. 대학만 졸업하면 안정된 직장이 보장되었기 때문이다. 그래서 캠퍼스에는 여유와 낭만이 있었고 불의에 항거하는 젊은이들의 외침이 있었다.

이철환 소설가는 "만약 악마를 만난다면 그 근처에 있는 바늘을 찾으면 된다. 그 바늘은 그 사람을 찔러서 악마로 만든 바늘"이라고 말한다. 지나친 논리의 비약일까. 스마트폰에 함몰될 수밖에 없는 아이들, 그들 주변에서 해답을 찾을 것이다. 수업 중에 지그문트 프로이트 식으로 꿈 해석과 무의식을 테스트하는 시간이 있었다. 최근에 꾼 꿈 중 가장 기억에 남는 것을 적고 순간 떠오르는 낱말을 삼십 개 정도 적도록 하였다. 놀랍게도 70% 정도가 부정적인 낱말을 적었는데 그 중엔 분노와 폭력적인 낱말이 많았다. 엄친

아, 엄친 딸이라고 할 정도로 모범적인 아이들도 심한 공격성을 띠었다. '시험, 노예, 학원, 숙제, 안 돼, 하지 마, 싫어, 짜증 나' 등 차갑고 부정적인 낱말이 많고 차마 표현할 수 없는 욕설도 나열하기 어렵다. 문제는 그들이 우수 집단이라는 데 있다. 무엇이 우리 아이들을 병들게 하는가. 최상의 학업 성취도를 달성하고도 최하의 학업 흥미도를 면치 못하고 풍족한 생활을 하면서도 행복을 느끼지 못하는 구조를 만들어낸 우리 기성세대의 잘못이다.

강수돌 교수는 부모가 달라져야 우리 교육이 산다고 하였다. 대부분 부모가 자녀에게 공부하는 목적을 "공부를 잘 해야 일류대학 가고, 일류대학 가야 좋은 직장 들어가서 높은 자리 차지하고, 그래야 돈 많이 벌고, 돈 많이 벌어야 아파트도 장만하고 백화점에 가서 좋은 물건도 많이 사고, 그래야 비로소 너는 행복하게 살 수 있다."라고 가르친다는 것이다. 물론 열심히 공부하면 좀 더 편한 인생인 것은 사실이다. 그렇다고 행복이 많은 소유와 넉넉한 소비에 있다고는 할 수 없다.

내 자녀가 행복할 수 있는 길은 실질적으로 교육의 핵심 주체인 엄마로부터의 해방이며 엄마로부터의 교육혁명 시작이 불가피하다. 요즘은 시험 당일도 아랑곳하지 않고 아이들을 데리고 과감히 체험학습을 떠나는 소신 있는 부모들도 종종 발견한다. 이러한 시기에 김재국의 『사교육 1번지! 대치동 돼지 엄마의 추억』은 시사하는 바가 매우 크다.